OTHON GAMA

o código da
MUDANÇA

Como mudar hábitos e conquistar seus objetivos

Copyright © Instituto Academia, 2016
O código da mudança © Othon Gama, 2016

PRODUÇÃO GRÁFICA: Claudionor Martim
CAPA E PROJETO GRÁFICO: Marcílio Godoi
REVISÃO: Marcia Menin
ARTE E MONTAGEM: Memo Editorial

GÊNIOS EDITORA
Rua João Silveira, 475
Fone (11) 5504-1971
Colina - SP CEP 14770-000
vendas@genioseditora.com.br

CIP-BRASIL. CATALOGAÇÃO NA PUBLICAÇÃO
SINDICATO NACIONAL DOS EDITORES DE LIVROS, RJ

G177c

    Gama, Othon
      O código da mudança : como mudar hábitos e conquistar seus objetivos / Othon Gama. - 1. ed. - São Paulo : Gênios, 2016.

    ISBN 978-85-8468-040-5

      1 . Psicologia do desenvolvimento . 2 . Autorrealização . 3 . Comportamento humano. I . Título .

16-33007   CDD: 155.2
                                CDU: 159.923

o código da
MUDANÇA

Dedico este livro a todos aqueles que acreditam no poder das mudanças e não desistem dos seus sonhos.

E a Othamar, Thamara, Girlene, Thiane, Ana Caroline, Ana Raquel, Carolina, Othamar Filho e Sophia.

Sumário

Prefácio - Augusto Cury...09
Apresentação...11
Introdução..15
O método tridimensional de mudança de hábitos...........25

PARTE 1 — A CIÊNCIA DOS HÁBITOS
1. O que são hábitos..32
2. Como os hábitos são formados.............................38
3. A força dos hábitos...43

PARTE 2 — VOCÊ: A GRANDE SOLUÇÃO
4. Conheça a si mesmo...49
5. O sistema de autocrenças.....................................54
6. Como são formadas as crenças............................61
7. Como mudar as autocrenças.................................68
8. Armadilhas da mudança de hábitos......................77

PARTE 3 — COMO MUDAR HÁBITOS
9. Competências para a mudança de hábitos...........84
10. Mudança é processo...93
11. Definindo a estratégia..98
12. Enfrentando os desafios...................................109
13. Mantendo os novos hábitos..............................114
14. Círculos de mudança de hábitos......................117

Seja a mudança com que sempre sonhou......................122
Agradecimentos..124

Prefácio

HÁ MUITOS ANOS conheço Othon Gama e sempre vi nele um grande potencial intelectual. Arguto, inteligente, debatedor de ideias, sensível, generoso, enfim, tem grandes qualidades. Por isso, sempre o encorajei a escrever. Suas ideias podem impactar as empresas, as escolas e as pessoas de modo geral que querem se reciclar, superar limites e mudar hábitos doentios.

Mudar hábitos doentios como impulsividade, reatividade, timidez, compulsão por comer ou jogar, dependência, sofrer pelo futuro ou ruminar o passado é vital para ter uma mente livre e emoção saudável. Seu primeiro livro, *O Código da Mudança*, tem essa musculatura, encorpa esses objetivos. Comenta técnicas relevantes, inclusive da minha teoria, a "inteligência multifocal", para que os leitores saiam da plateia, entrem no palco e atuem como protagonistas da sua história.

O Código da Mudança toca a emoção humana, implode o conformismo, impugna falsas crenças, por meio de ferramentas práticas para serem trabalhadas pelo eu, que representa a capacidade de escolhas. Somente um eu bem equipado e educado pode fazer escolhas inteligentes.

Há na mente humana habilidades incríveis, verdadeiras pedras preciosas, que podem ser libertadas e lapidadas. Este livro pretende garimpar os diamantes que estão dentro de cada ser humano. Use-o para garimpar os seus. Excelente leitura..

Dr. Augusto Cury - Psiquiatra e escritor
(Autor mais lido da década no Brasil)

Apresentação

Este livro não seria possível sem o esforço e o brilhantismo de homens e mulheres, cientistas, professores e pesquisadores que dedicaram e dedicam sua vida a expandir a fronteira do conhecimento humano. Pessoas como essas me inspiraram a estudar, a me aprofundar na apaixonante missão de aprender para ensinar e ensinar para aprender, a insistir no meu desejo de compartilhar e democratizar conhecimento, a sonhar com uma humanidade mais justa, fraterna e solidária, em que as oportunidades estejam ao alcance de todos, não importando a classe social, a orientação sexual, a religião e o direcionamento político.

Sempre admirei aqueles que conseguem mudar seus pensamentos, suas atitudes, seus hábitos e seu comportamento, aqueles que têm coragem de encarar que são seres humanos em formação, obras-primas inacabadas em constante mutação, e que, portanto, estão abertos ao novo, ao inexplorado, ao futuro.

Contudo, chama a atenção a dificuldade que muitos têm de abandonar velhos hábitos e sair de sua zona de conforto. Isso é essencial, pois os hábitos negativos exercem um poder tão grande sobre o comportamento humano que acabam nos afastando dos nossos objetivos. E a velocidade feroz com que o sol nasce e se põe nos lembra de que devemos agir agora para conquistar nossos objetivos, abandonando o "mais ou menos" para atingir a excelência na vida pessoal e na profissional.

Pessoas que conseguem mudar e realizar seus sonhos são colocadas em um pedestal, como se fossem "escolhidas". Entretanto, qualquer um pode fazer isso quando entende o funcionamento dos hábitos.

Para iniciar um processo de mudança, a motivação é importante, mas desenvolver novos hábitos o torna sustentável. Esse processo nem sempre é curto, tampouco fácil, porém é bastante simples e possível, dependendo única e exclusivamente de uma coisa: VOCÊ.

Neste livro, apresento o método tridimensional de mudança de hábitos. Ele tem esse nome porque trabalha a dimensão da sabedoria (descrevendo a ciência envolvida), a dimensão emocional (mostrando como você é a grande solução para seus problemas) e a dimensão executiva (explicando como de fato mudar). Assim, diz não só *o que* você deve fazer, mas também *como* fazer e ser bem-sucedido na empreitada. Esse é seu grande diferencial: não se trata apenas de uma explicação científica, e sim do aprofundamento em todas as fases da transformação de hábitos, fornecendo técnicas para que você consiga fazer mudanças efetivas em sua vida.

Para desenvolver esse método, eu me debrucei sobre estudos de algumas das mais importantes universidades do mundo, como Stanford, Harvard, Duke, da Pensilvânia e da Califórnia. Além disso, utilizei minha experiência e a de outras pessoas que mudaram seus hábitos. Também pesquisei publicações de renomados cientistas, pesquisadores, *coachs*, psiquiatras e psicólogos, entre eles Augusto Cury, Martin Seligman, Tony Robbins, Daniel Goleman e Charles Duhigg. Por último, usei técnicas e conceitos das teorias da inteligência multifocal e emocional, da psicologia positiva e da programação neurolinguística.

Começo este livro apresentando o método. Em seguida, na primeira parte, explico um pouco sobre a ciência dos hábitos, mais teórica. No entanto, um dos grandes problemas das pessoas que querem mudar hábitos é que elas não acreditam que são capazes de realizar mudanças significativas; mesmo sabendo o que e como fazer, não fazem, porque acham que não podem. Por isso, na segunda parte, procuro fortalecer suas crenças em si mesmo e demonstro como você pode aumentar sua autoconfiança, sua resiliência e sua autoestima para atingir seus objetivos. Isso é fácil de falar, mas difícil de fazer. Portanto, na última parte, você vai aprender a montar uma estratégia de modificação de hábitos, de desenvolvimento da resiliência e da autodisciplina.

Não esqueça, porém, que este livro é apenas o início do caminho. As mudanças não acontecem entre o nascer e o pôr do sol, mas com o passar das primaveras, principalmente no que se refere a hábitos.

Introdução

Pense em um menino comum. Ele adorava brincar, jogar videogame, assistir a filmes e tomar sorvete. Não gostava de ir à escola e elaborava várias artimanhas para fugir dela, escondendo-se embaixo da cama ou dizendo que não estava bem. Para seu alívio, no entanto, o estabelecimento em que estudava era pequeno e de um casal amigo da família, e, com o tempo, ele passou a se sentir em casa. Tudo corria bem. Afinal, o que poderia haver de errado na vida de um garoto de sete anos? Então a escola quebrou. Seus pais começaram a procurar outro lugar e o matricularam no maior colégio da cidade.

Ali, o menino impressionava professores, coordenadores, alunos e pais; todos queriam entender o que acontecia com ele, mas não por um bom motivo. Assim que atravessava o portão da escola, ele começava a chorar, e seguia assim até a hora de voltar para casa. Muitas vezes tinha de ser retirado da sala, porque os professores não conseguiam dar aula. Resolveram, então, chamar a psicóloga da instituição para conversar com ele. Ela lhe perguntava o que estava acontecendo e como resposta recebia apenas soluços frenéticos; tentava acalmá-lo e garantia que estava lá para ajudar, mas o garoto continuou da mesma forma por todo o ano letivo.

Enfim chegaram as férias. O menino teve aproveitamento suficiente para ser aprovado, porém ainda tinha muitas dificuldades para ler e escrever, mesmo estando prestes a entrar na então segunda série (hoje terceiro ano do ensino fundamental). Por isso, mesclava as brincadeiras nos dias quentes de verão com o reforço escolar. A aproximação do retorno das aulas angustiava não só seus pais, como também a psicóloga. Uma pergunta inquietava todos: "Como ele vai voltar?". A expectativa era grande para o primeiro dia de aula, mas o garoto tratou logo de inventar uma febre para conseguir mais algum tempo em casa. A manobra deu certo, só que tinha prazo limitado.

Mais uma vez ele não conseguiu se adaptar àquele meio social. Não entendia como aquilo funcionava e a única coisa que fazia bem ali, para desespero dos professores, pais e alunos, era chorar. Assim foi até o meio do ano. Na volta das férias de julho, a situação se normalizou: de alguma forma, ele tinha se adaptado ao novo colégio e aprendido a ler e escrever.

Contudo, esse era só o início de uma jornada conturbada. À medida que o garoto foi crescendo, também foi engordando, e não demoraram a surgir os primeiros apelidos e xingamentos. Com o passar dos anos, colecionava tantos que nem sabia qual o deixava mais furioso: gordo seboso, rolha de poço, gordo bosta, baleia, bujão de gás etc.

Ele desenvolveu uma grande dificuldade de se relacionar com os colegas. Sentia-se isolado e rejeitado. Quanto mais problemas tinha, mais engordava — a comida era seu refúgio favorito. Um perigoso círculo vicioso estava criado.

O histórico de chorão e o excesso de peso o transformaram em alvo de todo tipo de bullying. As dificuldades de relacionamento só cresciam, e aquilo o angustiava. Não era para menos: o desejo de ser aceito vem dos primórdios da humanidade, quando nossos antepassados precisavam fazer parte de um grupo para sobreviver, ou seriam presas fáceis para os predadores. Alguns cientistas, aliás, afirmam que o desenvolvimento de habilidades sociais é um dos fatores que explicam a sobrevivência da espécie humana.[1] Hoje, continua sendo fundamental desenvolver relações saudáveis com nossos semelhantes, pois esse é um dos fatores mais importantes para nosso bem-estar.[2]

Lembre-se de que amor, carinho, atenção e respeito são parte essencial de uma vida saudável e equilibrada. O sentimento de exclusão pode ser muito dolorido, e grandes marcas contribuem para a discriminação e consequente baixa autoestima, estimulando padrões restritos de beleza, riqueza e status. Pessoas que se sentem rejeitadas ou diferentes se tornam presas fáceis de campanhas de marketing que supostamente vendem sucesso e alegria por meio de produtos caríssimos.

Mas, voltando à nossa história, a trajetória desse menino se assemelha à de diversas pessoas que foram rejeitadas e passaram por situações traumáticas. Entretanto, há sempre uma escolha. Somos a soma das nossas experiências passadas, mas não podemos deixar que isso determine nosso futuro. Eu sou o menino da história, e essa foi uma das lições que aprendi na vida. Qualquer um pode se reinventar, apesar das dificuldades e dos problemas.

Tive uma infância, uma adolescência e um início de vida

---

1   Os biólogos Edmund O. Wilson e David Sloan Wilson reuniram evidências de que o grupo é uma unidade primária de seleção natural no artigo "Rethinking the Theoretical Foundation of Sociology", publicado em 2007 na *Quarterly Review of Biology*. Portanto, ao analisar a evolução das espécies, devemos considerar os grupos, e não apenas os indivíduos, para entender o domínio ou perecimento delas.

2   O psicólogo Martin Seligman, mestre da psicologia positiva, coloca os relacionamentos saudáveis como um dos elementos mais importantes para atingir o bem-estar em seu livro *Florescer* (Rio de Janeiro: Objetiva, 2011).

adulta marcados por problemas decorrentes da insegurança e da obesidade. O que mais desejava era ser incluído. Chegou um momento em que já havia sofrido tanto com o bullying (primeiro pelo choro e depois pelo peso) que de certa maneira me acostumei a conviver com ele, embora algumas vezes tentasse encontrar meios de fazer com que as pessoas parassem. Em uma dessas vezes, quando tinha onze anos, achei que, se eu fosse representante de sala, os ataques contra mim cessariam, então me candidatei. Criei coragem e fui para a batalha. Só outro gordinho, que era novato na escola, aceitou ser meu vice. No dia da eleição, eu estava confiante, acreditando mesmo que ia ganhar. Quando começou a contagem de votos, meu entusiasmo aumentou: o primeiro que saiu da urna era para mim. Comemorei e pensei: "Vou ganhar!". No decorrer da apuração, a situação foi ficando tensa, nada de sair mais um voto para mim. De alguma forma, eu ainda achava que ia virar no final. No entanto, tive apenas dois votos: o meu e o do vice. Hoje dou boas gargalhadas com essa história, mas na época foi uma tragédia. Eu só queria um pote de sorvete para afogar — ou melhor, congelar — minhas mágoas.

Continuei tentando ter uma vida normal na escola. Na época das festas juninas, o colégio realizava diversas atividades, incluindo uma apresentação de quadrilha. O evento era concorrido; familiares se espremiam no ginásio para assistir a filhos, sobrinhos e netos. Porém havia um problema: a escola tinha mais meninos que meninas; portanto, nem todos tinham par. O que fazer com os meninos que sobravam? Então inventaram a quadrilha dos excluídos, como os outros garotos chamavam. Depois da dança dos casais, o locutor arranjava um jeito carinhoso de chamar os meninos que não tinham par, e lá íamos nós, vestidos a caráter, fazer nossa apresentação solitária. Eu era membro cativo da quadrilha dos excluídos, claro. Em determinado ano, o colégio escolheu como traje para a apresentação uma camisa com um sol estampado (imaginem só!). Com um dos movimentos da dança, a minha simplesmente rasgou, no meio do palco.

Eu nunca tivera um bom relacionamento com uniformes por um simples motivo: eles não me serviam. Era uma luta constante, um tal de estica para um lado, estica para outro, compra os que são para os mais velhos, mas não tinha jeito; ainda assim ficava apertado.

Quando entrei na adolescência, os problemas foram aumentando. Afinal, essa é uma fase em que a autoestima e a autoconfiança chegam próximo do zero, em meio à ebulição de hormônios e às fortes emoções. Eu continuava tentando construir uma vida social mais agradável, só que não era fácil. A paquera e os namoricos dominavam as conversas, e na minha cidade havia uma matinê que era o ponto de encontro dos jovens.

Nessa época, eu já tinha um grupo de amigos, formado na quadrilha dos excluídos. Todos fugíamos aos padrões: um pesava mais de cem quilos, outro era muito magro, outro era cabeçudo, outro usava aquele aparelho dentário antigo, com um capacete. Eu me preparava para ir à festa, colocava minha melhor camisa, uma xadrez, calça jeans e sapato social e ia à luta. Mas não tentava um contato sequer com alguma menina, de tão tímido que era, e nem um fora conseguia levar. Passava boa parte da festa em diálogos internos, criando coragem. Uma vez fui ao banheiro, olhei para o espelho e tentei me motivar: "Vamos lá! Você é um gordo bonito! Você consegue!". Saí de lá determinado. Era agora ou nunca! O coração palpitava, as mãos suavam, a confiança aumentou, e aí peguei cada filé... Filé com fritas, filé ao molho madeira, filé ao catupiry, acompanhados de um refrigerante estupidamente gelado. Voltei para casa me sentindo frustrado, como sempre.

Eu realmente queria emagrecer, não aguentava mais ser tão gordo. Pedi ajuda à família e procurei uma nutricionista. Ela me passou uma série de recomendações. Saí do consultório confiante, mas pensei: "Se vou parar de comer coisas de que gosto, é melhor me despedir". Corri para um rodízio de pizza. Continuei agindo assim pelos seis meses seguintes. Quando fui a outra nutricionista, estava mais gordo que antes. Aquilo me deixava revoltado, porém eu não acreditava de verdade que podia mudar meus hábitos, achava quase impossível. Dessa segunda vez comecei bem, estava mais determinado e um pouco mais confiante; passei alguns meses comendo certo e emagreci dez quilos. Fiquei feliz, mas comecei a abrir exceções na minha alimentação — um jantar com amigos, um almoço de domingo, um chocolate para acalmar quando sofria bullying... Quando notei, já tinha voltado ao meu peso anterior. Então desisti de mudar. Afirmava para mim mesmo: "Sou assim; deixa para lá". Passei dois anos sem sequer tentar fazer alguma coisa.

Só voltei a insistir quando já estava com catorze anos, e fui crescendo assim: começava a fazer uma dieta e acabava engordando mais ainda. Em um período de seis anos, fracassei quinze vezes. Sempre que isso acontecia, eu me sentia ainda mais incapaz. Já havia tentado inúmeras dietas e fórmulas mágicas, e nada parecia funcionar. Tinha perdido a esperança, estava convencido de que não era possível. O pessimismo, o coitadismo e o conformismo tomavam conta de mim. Qual era a solução para tanta angústia? Comer mais para ter um prazer momentâneo e depois me arrepender. "Tem gente que nasceu para vencer, mas sou dos que não conseguem conquistar seus objetivos, nem mesmo emagrecer", eu pensava. Não sabia como a mudança dos hábitos alimentares era complexa; não conseguia sequer identificar o que eram hábitos e por que eles existiam. Não entendia por que jurava a mim mesmo que não ia comer mais besteiras, que ia fazer exercício e de repente me via comendo lasanha e bebendo milk-shake.

Com dezessete anos, eu media 1,78 metro e pesava 127 quilos. Estava muito triste com minha situação: não tinha vida afetiva e me sentia cada dia mais frustrado. No entanto, decidi não me entregar e parar de me enganar. Eu queria mudanças rápidas e, quando via isso, me decepcionava e perdia o foco. Então percebi que tinha de estabelecer um compromisso de longo prazo comigo mesmo. Não adiantava querer resolver o problema que havia sido criado por toda uma vida em dois meses. Eu precisava de tempo e de ajuda. Voltei a uma nutricionista, que me explicou que se tratava de um longo processo, mas plenamente possível. Comecei minha reeducação alimentar e entrei no basquete. Treinava três vezes por semana, e pela primeira vez fiz uma atividade física de que gostava.

No decorrer do processo, fui acreditando cada vez mais que o emagrecimento era possível, que eu era capaz de mudar. Aquilo fez toda a diferença, pois me deu a força para superar as dificuldades. Embora ainda não soubesse, eu estava descobrindo que qualquer jornada começa com um primeiro passo, e, para obter sucesso, é preciso mudar aos poucos. Sonhava em ter uma vida normal e saudável, paquerar, jogar basquete bem, fazer as coisas que os adolescentes "normais" faziam. Tinha escolhido sair do banco de passageiro da minha vida e assumir o controle.

Lembro-me de quando olhei no espelho e me vi com 55 quilos a menos. Lágrimas escorriam pelo meu rosto, e uma alegria indescritível tomou conta de mim. Ao longo de dois anos, mudei meus hábitos e emagreci sem fazer cirurgia e sem tomar remédio. Mantenho até hoje um peso e um corpo saudáveis.

Foi dessa grande mudança de hábitos que surgiu o interesse pelo tema. Por que algumas pessoas conseguiam e tantas outras não? Por que era tão difícil? E se todos conseguissem?

Passei a pesquisar sobre o tema. Li milhares de páginas, busquei na literatura especializada, em livros de desenvolvimento humano, nos anais da ciência, nas minhas experiências e nas de outras pessoas. A partir daí, elaborei o método tridimensional de mudança de hábitos, que é o assunto deste livro. Antes de começar a explicá-lo melhor, quero deixar claro que, apesar da minha experiência pessoal, este livro não é sobre como emagrecer, embora seja uma ferramenta muito útil para as pessoas que o queiram. Ele descreve processos e fornece informações e técnicas importantes para a modificação de hábitos em todas as áreas do comportamento humano, ou seja, alimentares, físicos, emocionais, financeiros etc., permitindo que as pessoas sejam bem-sucedidas independentemente de seu objetivo ser emagrecer, deixar de fumar, de beber, manter o controle do próprio temperamento, aumentar a produtividade, ter disciplina e, de modo geral, alcançar sonhos pessoais e profissionais e ter uma vida melhor.

O caminho para essa mudança de hábitos pode ser complexo, mas a boa notícia é que dá certo. Se você seguir o roteiro aqui proposto, terá grandes chances de ser bem-sucedido. Só depende de você.

Para mim, este livro é muito mais que um negócio: é uma missão de vida. As noites em claro, os incontáveis dias de dedicação, os milhares de páginas lidas e as centenas escritas que se mantêm inéditas têm o claro objetivo de contribuir para a formação de pessoas e para a construção de uma sociedade mais justa e fraterna.

Ao me deitar para dormir, tenho o hábito de pedir a Deus que me conceda forças, discernimento e saúde para disseminar conhecimento de forma democrática para mais pessoas.

Quando me mandam e-mails ou falam comigo pelas redes sociais contando que, de algum modo, meus livros, minhas palestras e meus cursos contribuíram para a percepção de que estavam desperdiçando seu potencial e matando seus sonhos por causa de hábitos nocivos e conseguiram se libertar e construir uma mudança de vida sustentável, sempre digo que o grande autor da mudança é a própria pessoa.

Comemoro cada vitória e fico feliz como se fosse comigo quando narram que projetos adormecidos saíram do papel, que hábitos alimentares, físicos, financeiros ou até mesmo emocionais foram mudados, que um empreendimento almejado virou realidade e vai bem, que o sonho de passar em um concurso público se concretizou, que os funcionários da empresa desenvolveram hábitos de excelência e com isso se tornaram pessoas mais seguras e profissionais mais produtivos ou que o fortalecimento de hábitos solidários fez com que um projeto social havia muito tempo pensado saísse do papel. Essas transformações estão ao alcance de todos.

Vivencie sua mudança de hábitos, ponha em prática os ensinamentos deste livro e lembre-se de que é possível que comedores compulsivos se tornem saudáveis, que jogadores virem pessoas equilibradas, que empresas em dificuldades se convertam em organizações bem-sucedidas, que organizações bem-sucedidas atinjam a excelência, que perdedores sejam vencedores, que fumantes se transformem em atletas de alta performance, que alcoólatras podem se tornar controlados, que devedores alcancem a prosperidade. Não desista de você, dos seus sonhos e das pessoas que ama.

O método tridimensional de mudança de hábitos

Você já deve ter lido livros com fórmulas mágicas infalíveis ou visto oradores incríveis que inflaram sua motivação. Ambos dão a impressão de que "agora é para valer". A pessoa mais confiante, determinada, focada, comprometida, disciplinada e motivada do mundo é você naquele momento. Até começarem a aparecer os problemas do dia a dia, a cobrança do banco, uma discussão no trabalho, uma venda que não se conclui, uma entrevista de emprego malsucedida, um imprevisto no seu empreendimento. Então toda aquela motivação vai embora e você se vê novamente sem conseguir resultados concretos e duráveis.

Não existem soluções mágicas para problemas complexos. A motivação é fundamental, mas não basta. Ela faz você começar, porém é apenas a mudança de hábitos que lhe permite seguir em frente. Costumo perguntar nas minhas palestras: "Quem aqui consegue correr uma prova de cem metros rasos?". Quase todos levantam a mão, não importa se o fariam em dez segundos ou em dez minutos. Entretanto, quando pergunto "Quem aqui consegue correr uma maratona de 42 quilômetros?", quase ninguém se manifesta. A motivação faz você correr uma prova de cem metros, mas só com o hábito de correr você completa uma maratona. E a vida é uma maratona complexa e cansativa.

A mudança é, portanto, um processo longo e complicado. Contudo, a ciência descobriu mecanismos que explicam o funcionamento dos hábitos no nosso cérebro, e com essas informações ficou mais fácil montar estratégias para produzir um impacto duradouro e verdadeiro na vida. Mas por que é tão importante mudarmos nossos hábitos?

Não sou adepto do pessimismo antropológico que diz que o homem é ruim por natureza. Acredito que o ser humano é bom por natureza e que o mundo vem melhorando cada dia que passa em determinados aspectos. No entanto, na minha opinião, um dos piores retrocessos que tivemos está relacionado aos péssimos hábitos cultivados, verdadeiros vilões dos nossos sonhos e da nossa qualidade de vida. Além de atrapalhar a conquista dos nossos objetivos, contribuem para a morte de milhões de pessoas por ano.

Segundo a Organização Mundial da Saúde (OMS), mais de 12 milhões de pessoas morrem por ano em decorrência de problemas relacionados a comer, fumar ou beber em excesso. É um absurdo que a vida de tanta gente seja ceifada pela simples compulsão. É como se todos os habitantes de uma cidade como Nova York, Tóquio ou São Paulo morressem no decorrer de um ano. Quanto tempo essa tragédia ocuparia nos noticiários se acontecesse? Então por que o silêncio em torno da compulsão? A própria Segunda Guerra Mundial deixou em seis anos aproximadamente 60 milhões de mortos, o que significa que matou menos gente por ano (10 milhões) do que a compulsão.[1]

Não podemos ficar calados diante disso; é preciso reagir: educando, trabalhando na prevenção e, principalmente,

---

1 Segundo a OMS, mais de 6 milhões de pessoas morrem por ano por causa do cigarro, e em vinte anos esse número chegará a 10 milhões se o consumo continuar aumentando (fonte: Epidemia Global de Tabaco 2013); cerca de 3,3 milhões de pessoas morreram em 2012 em consequência do consumo nocivo de álcool, o que equivale a 5,9% de todas as mortes no ano (fonte: Relatório Global sobre Álcool e Saúde); a obesidade é causa da morte de 2,8 milhões de pessoas por ano (fonte: Relatório Estatísticas Mundiais de Saúde 2012).

mudando nossos hábitos. Se eu não tivesse feito isso, provavelmente faria parte das estatísticas. E você? E seus familiares e amigos?

As duas perguntas que mais me fazem são: "Como você conseguiu?" e "Como eu também posso fazer?". A segunda norteou e ainda norteia meu trabalho, e foi para responder a ela que desenvolvi um método, ou seja, um procedimento para chegar a um objetivo — no caso, fazer mudanças sustentáveis e duradouras para atingir a excelência em diversas áreas da vida.

Na minha experiência, não aguentava mais escutar conselhos e ler livros que me diziam o que fazer, mas não como. Era comum que alguém magro viesse me dar lição de moral — "Othon, você precisa emagrecer!", "Othon, você precisa ter força de vontade!", "Othon, coma menos e melhor!" —, sempre com aquele ar de quem me achava fraco por ser gordo. Eu apenas balançava a cabeça afirmativamente, mas o que queria mesmo era dizer: "Meu amigo, você acha que eu não sei disso? Acha que é fácil? Se você quer me ajudar de verdade, me diga COMO fazer isso! Saber eu sei, todo mundo sabe".

Mesmo o best-seller *O poder do hábito*, escrito por Charles Duhigg após extensa pesquisa sobre a influência que os hábitos têm na nossa vida, tem como foco a ciência dos hábitos. Seria ótimo que as mudanças fossem possíveis só com conhecimento, mas na prática não é assim que funciona, e não trabalhar as mudanças em um contexto que englobe o desenvolvimento de competências emocionais é um erro que impede o sucesso.

Às vezes, a frieza de uma pesquisa não dá valor aos sentimentos e à emoção, mas estar preparado para o processo faz toda a diferença. Quem não usa a inteligência emocional cai nas armadilhas da mudança de hábitos e não consegue sair delas.

Já o método tridimensional não diz apenas *o que* você deve fazer, mas *como* fazer, ao mesmo tempo que trabalha o lado emocional para fortalecer a crença de que você é capaz de implementar as mudanças que deseja.

Ele foi construído pela análise sistemática de conhecimentos produzidos por cientistas das mais renomadas universidades do mundo, mas também com base na minha experiência compulsiva. É eficaz para quem tem qualquer objetivo a conquistar, seja emagrecer, organizar a vida financeira, a emocional, começar um novo curso, abandonar um vício ou atingir sua definição de sucesso. Para que isso ocorra, é preciso implementar mudanças: sair da zona de conforto, desenvolver-se, abandonar antigos hábitos e adquirir novos.

Por quinze vezes tentei atingir meu objetivo e fracassei. Ao longo dos anos, fui percebendo que para mudar era imprescindível uma abordagem mais completa, mais profunda, mais eficiente, e com isso veio a necessidade de olhar para o processo de vários ângulos diferentes. Foi assim que surgiram as três dimensões descritas a seguir.

A primeira é a **dimensão da sabedoria**. Ela explica o que você deve fazer, ou seja, é o conhecimento sobre o que são os hábitos, para que servem, onde estão e como se formam. A segunda é a **dimensão emocional**. É nela que você aprende como é composto seu sistema de autocrenças e a desenvolver competências emocionais para mudar seus hábitos. Por último, a **dimensão executiva** aborda a prática dessas mudanças, ensinando você a efetivar aquela que deseja.

A grande maioria das pessoas falha porque quer chegar lá, mas só trabalha uma ou duas dimensões. Para realmente conseguir atingir os objetivos, é necessária uma abordagem que leve em conta todas as nuances e não menospreze as emoções, as reações fisiológicas, o ambiente, a formação cultural e educacional. Nesse sentido, o método tridimensional se torna mais eficiente por "atacar o problema por todos os lados".

PARTE 1

Dimensão da sabedoria:
A ciência dos hábitos

"Somos o que fazemos, mas somos, principalmente, o que fazemos para mudar o que somos."

Eduardo Galeano

1. O que são hábitos

Hábito é a transformação de uma sequência de ações em uma rotina automática. Em outras palavras, é a capacidade do cérebro de automatizar comportamentos corriqueiros para economizar energia cerebral e possibilitar que as minúcias do dia a dia não sobrecarreguem o cérebro.

Estudos mais aprofundados a esse respeito tiveram início com um senhor chamado Eugene Paul. Ele morava na Califórnia com a esposa e os filhos e trabalhava na indústria espacial. Aparentemente tudo estava bem em sua vida, até que um dia ele começou a passar mal. Foi aquela correria na família; levaram-no para o hospital e os médicos enfim o diagnosticaram com encefalite viral. Ele ficou em coma, entre a vida e a morte, mas o tratamento foi surtindo efeito e o quadro se estabilizou. A grande dúvida dos médicos eram as sequelas que a doença deixaria; afinal, uma grande faixa de tecido neurológico tinha sido danificada.[1] Eles constataram, então, que Eugene não conseguia lembrar nada dos últimos trinta anos nem guardar nenhuma informação nova por mais de um minuto. Não havia o que fazer a respeito, e ele foi mandado para casa.

---

1   A base teórica deste capítulo até o 3 é do livro *O poder do hábito*, de Charles Duhigg (Rio de Janeiro: Objetiva, 2012).

Logo a esposa de Eugene, Beverly, percebeu algumas dificuldades em sua nova vida. Por exemplo, ele não se dava conta de que tinha comido e repetia as refeições três ou quatro vezes. Ela decidiu procurar apoio, e a orientação foi que o marido tivesse a vida mais normal possível, exercitando-se e passeando acompanhado. Então ela saía para caminhar com ele duas vezes ao dia, fazendo sempre o mesmo trajeto. Até que se descuidou e ele saiu sozinho. O desespero a dominou, e ela saiu para procurá-lo, sem sucesso. Quando chegou em casa para chamar a polícia, levou um susto: Eugene estava tranquilamente sentado na sua poltrona. A esposa perguntou: "Como você voltou?". Ele respondeu: "Voltei de onde?". Como um homem que não conseguia lembrar nada, nem sequer que havia saído para caminhar, tinha achado o caminho de volta para casa?

Beverly procurou então o cientista Larry Squire, especialista da Universidade da Califórnia em neuroanatomia da memória. O cérebro de Eugene tinha ficado quase sem o lobo temporal medial, responsável pelas tarefas cognitivas, pelas lembranças do passado e pela regulação da emoção. Squire começou a pesquisá-lo em profundidade, fazendo-se uma pergunta: "Um homem sem memória é capaz de desenvolver novos hábitos?". Se fosse, aquilo explicaria como Eugene tinha voltado para casa. E, após diversos experimentos, o cientista chegou à conclusão de que realmente era, desde que a zona dos gânglios basais não tivesse sido danificada.

Os gânglios basais são um nó de tecido cerebral que fica na região mais profunda do cérebro. Eles fazem parte da área responsável pelos comportamentos automáticos do ser humano, como respirar. O caso de Eugene mudou a compreensão da formação de novos hábitos, dando início a uma série de estudos para decifrar os mistérios que envolvem essa função do cérebro.

As pesquisas foram avançando em várias universidades. Cientistas do Instituto de Tecnologia de Massachusetts (MIT) realizaram uma experiência para analisar o funcionamento da atividade cerebral de ratos quando desenvolviam hábitos. Eles implantaram um chip no cérebro das cobaias, fizeram um labirinto em forma de T e puseram chocolate em uma das pontas. A atividade cerebral dos ratos era intensa desde antes de a porta do labirinto ser aberta, continuando assim por todo o percurso e enquanto comiam o chocolate. Depois de os animais repetirem diversas vezes a mesma rotina, os pesquisadores notaram que a atividade cerebral só era alta antes de abrirem a porta. Assim que a situação era reconhecida, a atividade cerebral caía bastante e apenas voltava a subir quando as cobaias acabavam de comer o chocolate. Essa pesquisa demonstrou que, uma vez criado, um hábito se torna automático a ponto de diminuir tanto a atividade cerebral consciente que, quando está em execução, coloca o animal na reserva e entra em campo para jogar. Isso também vale para os seres humanos, claro.

Observe que, em todas as repetições da experiência, antes de abrir a porta a atividade cerebral das cobaias era alta, ou seja, o hábito ainda não tinha entrado em cena. Isso porque o cérebro precisa da confirmação da situação antes de deixar o hábito assumir o controle. E se em vez de chocolate houvesse um gato ali?

Como dito no início deste capítulo, hábito é a transformação de uma sequência de ações em uma rotina automática. Quando essas ações se agrupam, formam um bloco de comportamento, que se torna hábito. Um adulto médio tem centenas desses blocos, fundamentais para o dia a dia.

Um bom exemplo de bloco de comportamento transformado em hábito é dirigir. No começo, uma simples manobra requer grande concentração e esforço, para engatar a marcha, usar a ré, dar seta... Depois de um tempo, a pessoa vai se acostumando com essa orquestra complexa, que fica automática. São os hábitos entrando em ação. Analise comigo a complexidade de dirigir um veículo. Você está dirigindo e vê o sinal fechado. O carro à sua frente vai parando, e você vem atrás, com as mãos no volante, os pés nos pedais, freando de acordo com o carro da frente até que ambos parem no sinal. Simples, não é? Nem tanto. Você utiliza sua visão para calcular a velocidade do carro da frente e a distância que falta para chegar ao sinal, então transforma essas informações em ações, primeiro apertando a embreagem, em seguida tirando uma das mãos do volante para diminuir a marcha, depois colocando a pressão necessária no pedal do freio. Ufa! Quando o sinal fica verde, o pé esquerdo aperta a embreagem, a mão direita vai para o câmbio e engata a primeira, a esquerda fica no volante para guiar e o pé direito pressiona o acelerador com a força exata para que o carro saia, enquanto o outro vai deixando a embreagem; você então calcula a distância e a velocidade do carro da frente para não pôr mais força que o necessário e segue viagem.

E se isso fosse feito sem a ajuda dos hábitos? O cérebro ficaria sobrecarregado com esses e outros detalhes do dia a dia. Enquanto você dirigia, seu cérebro ficou livre para pensar no que falar na reunião do trabalho, naquela questão da prova ou em uma ideia capaz de revolucionar o mundo.

É importante notar que os hábitos envolvem sempre três elementos: a porta de entrada, a rotina e a porta de saída. A porta de entrada serve para o cérebro identificar qual sequência de ações automáticas usar naquela situação. Charles Duhigg, escritor e jornalista do jornal *The New York Times*, chama isso de "deixa". Assim que o cérebro identifica uma deixa, percebe que já fez aquilo muitas vezes e que não precisa gastar energia para fazer de novo, então saca o hábito que tem armazenado e libera espaço para o cérebro pensar em coisas mais importantes. Quando o hábito toma o controle, o corpo segue a rotina habitual em automático até encontrar a porta de saída ou a recompensa.

No exemplo da direção, a deixa é sentar no banco do carro. Com isso, o cérebro identifica qual é a rotina (dirigir). A recompensa é chegar ao local desejado. Nesse momento, você sai do que Charles Duhigg chamou de "loop do hábito", quando nossa atividade cerebral consciente diminui tanto que agimos de maneira automática. No caso da pesquisa do MIT, a porta de entrada era o barulho que a porta do labirinto fazia ao se abrir; a rotina, procurar o chocolate; e a porta de saída, comer o chocolate. Em seguida, a atividade cerebral voltava ao normal. Isso explica por que nos arrependemos de verdade quando estamos determinados a mudar um velho hábito ruim, mas sucumbimos a ele. Logo depois da porta de saída, reassumimos o controle e surge a sensação de culpa tão familiar da comida que não deveria ter sido comida, do cigarro que não deveria ter sido fumado, da bebida que não deveria ter sido consumida, da compra que não deveria ter sido feita, das unhas que não deveriam ter sido roídas etc. Por isso, desvendar os mistérios dos hábitos é o primeiro passo para uma mudança de vida bem-sucedida. Nos próximos capítulos, você vai aprender a mudá-los.

2. Como os hábitos são formados

Certo dia uma mulher me disse: "Não consigo ver algo fora do lugar na minha casa que perco as estribeiras com meus filhos e meu marido. Eles deixam tudo bagunçado e têm o hábito de jogar a toalha molhada em cima da cama. Assim que vejo esse tipo de coisa, começo a brigar. Depois me arrependo, achando que peguei pesado demais. E parece que, quanto mais eu brigo, mais eles fazem. Tento me controlar, mas é só ver algo fora do lugar que tudo começa outra vez".

Ela já fez tanto isso que é automático, é um hábito. Vê a porta de entrada do hábito, no caso a toalha molhada em cima da cama, percorre a rotina, que é brigar, e depois tem a recompensa, que é a sensação de alívio por ter posto para fora algo que a incomodava. A mulher tem razão de querer que os filhos e o marido coloquem as coisas no lugar, mas seus atos não resolvem o problema inicial (a bagunça) e ainda criam outro (brigas familiares constantes). Estão todos presos em um círculo vicioso. Mas como esses hábitos, os dela e os da família, se formaram? O que os movimenta? Que combustível utilizam para percorrer o caminho até a recompensa? E por que são tão poderosos?

Um senhor alemão chamado Wolfram Schultz passou grande parte de sua vida buscando entender isso. Um de seus experimentos resultou na compreensão de como os hábitos são formados, o que explica muito das atitudes que temos.

O cientista pôs um macaco sentado em frente a uma tela e condicionou-o a puxar uma alavanca toda vez que apareciam imagens coloridas nela. Fazendo isso, ele receberia suco de amora bem doce. Schultz tinha posto chips no cérebro do macaco para ver o que acontecia lá. Sua atividade cerebral ao ver os objetos coloridos na tela (deixa) acendia as mesmas áreas de quando ele recebia suco (recompensa), ou seja, quando via a imagem colorida na tela, era como se já estivesse bebendo o suco de amora doce.

O pesquisador quis então saber o que aconteceria se o macaco não recebesse o suco que já antecipava ou se este não tivesse açúcar. O animal ficou muito bravo, irritado e ansioso. Schultz chegou então à importante conclusão de que, ao ver a deixa, o cérebro antecipa a recompensa, ativando as mesmas partes do cérebro de quando a recompensa chega e causando uma forte necessidade de realizar o comportamento habitual.

Para um hábito ser formado, a deixa, a rotina e a recompensa são necessárias. Contudo, após a repetição continuada por um período de tempo, é criado um anseio no cérebro, que se torna tão automático que ele não consegue ver a diferença entre a deixa e a recompensa. Assim, o hábito se fortalece.

Era o que faltava para entender o funcionamento dos hábitos. O cérebro entra em curto quando antecipa uma

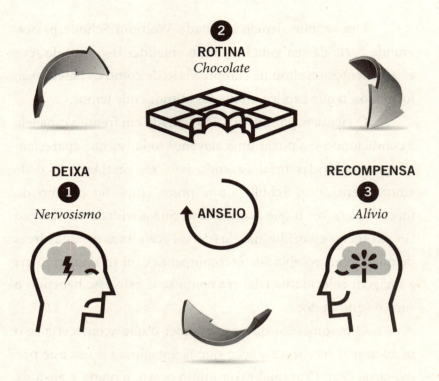

recompensa que não é recebida, então força a repetição do hábito. Se ela não acontece, a pessoa (ou o animal) fica ansiosa, irritadiça.

Vamos ver alguns exemplos disso.

João espera a esposa na sala de casa para ir à festa de oito anos da sobrinha. Ele faz dieta e está decidido a não sair dela. Chega ao local confiante, no controle. Sentam à mesa e os garçons começam a trazer os petiscos. Ele resiste, mas logo fica incomodado com a situação. De repente, sua mão pega os primeiros amendoins. Depois vai e volta até eles acabarem. Quando João se dá conta, pensa: "Puxa, nem era tão bom assim. Estou de dieta e fiz isso".

Maria está estressada. O trabalho anda puxado, e ela decide ir ao shopping dar uma voltinha. Já gastou mais do que podia no cartão de crédito, o que causou brigas com o esposo, já que eles não estão em uma situação financeira boa. Mas ela vai ao shopping só olhar as vitrines e tomar um cafezinho; afinal, não precisa de nada, ainda tem roupas que nem usou. Olha as vitrines: vestidos, joias, bolsas, sapatos se alternam loja após loja. Quando fecha a porta do carro para voltar para casa, há três sacolas no banco traseiro. "Por que fiz isso?", pensa ao olhar para elas.

Marcelo é um jovem engenheiro de 25 anos. Trabalha em uma grande empresa e parece ter um futuro brilhante pela frente. No entanto, sua produtividade está baixa, e o chefe tem notado que os projetos demoram mais que o normal. Marcelo sabe que aquele é um dia importante e por isso vai manter a concentração. Senta na cadeira, liga o computador e põe o celular na mesa para o caso de alguma urgência, porque não pode perder um minuto sequer. Só que parece mais forte que ele: de repente está mexendo no celular, ritual que se repete diversas vezes. Responde a mensagens, olha fotos… É irresistível.

Todas essas situações e muitas outras mostram o anseio do hábito em ação. Quando João olha o amendoim, o cérebro vê a deixa e antecipa a sensação de prazer que a comida provoca, então espera a realização da rotina (comer). Isso não ocorre (a recompensa não chega), e ele fica ansioso, até que não resiste e pega o amendoim. Assim que acaba de comer, o arrependimento bate forte. O mesmo acontece com Maria: ela não precisa e não quer comprar, mas, quando vê a deixa (produtos), o cérebro anseia pela rotina (compras) e pela sensação de prazer momentâneo (recompensa). Marcelo não quer perder tanto tempo mexendo no celular, sabe que isso atrapalha seu trabalho, mas, quando ouve o bip de nova mensagem, é uma tortura não checar. Seu cérebro aguarda a recompensa.

Quando os hábitos começam a agir, deixamos de usar nossa capacidade racional plena para decidir. Eles são formados ao longo da vida e, em geral, não nos damos conta de sua presença nem sabemos que estão operando, ajudando-nos a tomar decisões e muitas vezes até as tomando por nós (e nem sempre as certas).

Os hábitos estão presentes em todos nós, queiramos ou não, dos mais simples, como escovar os dentes, aos mais complexos, como os físicos, emocionais, alimentares e financeiros. Não podemos viver sem hábitos, mas podemos e devemos aprender a substituir os ruins por bons, conquistando, assim, aliados fundamentais para a realização dos nossos sonhos.

3. A força dos hábitos

Já vimos que hábitos são bastante úteis para nossa vida e até mesmo para a evolução da humanidade. O cérebro precisa economizar para investir no que é mais importante, e por isso os hábitos são criados. O grande problema é que ele não sabe diferenciar os hábitos bons dos ruins, de modo que a mesma força que ajuda a empurrar a raça humana para a frente restringe bilhões de pessoas em todo o planeta a uma qualidade de vida deficiente. Os hábitos têm tanta força que ignoram a rejeição social, o bom senso e as pessoas que mais amamos.

O Instituto Nacional sobre o Abuso do Álcool e do Alcoolismo nos Estados Unidos conduziu um experimento em que camundongos foram estimulados e condicionados a apertar uma alavanca para receber comida. Depois que o hábito foi criado, os cientistas trocaram o alimento saudável por um envenenado e eletrificaram o caminho até a comida. Mesmo passando mal e levando choque, os camundongos insistiam em comer.

Nunca quis ser obeso e sabia que estava prejudicando minha saúde e minhas relações sociais. Tampouco gostava de ser humilhado e motivo de chacota. Mesmo assim, eu comia cada vez mais, às vezes até passar mal. Quando tomei conhecimento dessa pesquisa, compreendi o camundongo! Quantos de nós estamos presos a nossos hábitos? Não apenas alimentares, mas físicos, financeiros, emocionais? Sempre escutava que era preguiçoso e fraco porque não conseguia emagrecer. Alguém acha que uma pessoa que é obesa mórbida não gostaria de parar de comer compulsivamente e ter uma vida saudável? Ou que uma pessoa que bebe em excesso não quer parar de beber? Ou que quem joga e perde a própria casa deseja isso? Ou que quem fracassa sucessivas vezes como empreendedor não almeja o sucesso? Os hábitos são importantes pilares na construção do nosso comportamento, e nós somos o resultado do nosso comportamento constante. Constante porque não adianta fazer certo uma única vez: o sucesso está relacionado às pequenas atitudes diárias, e os hábitos são responsáveis por muitas delas.

Segundo um estudo conduzido pela Universidade Duke, nos Estados Unidos, em cerca de 40% do nosso dia ativo estamos no automático. Isso não deve servir de desculpa para não mudar; ao contrário, deve servir de estímulo para a construção de novos hábitos. Quantas pessoas você conhece que são reféns de si mesmas, por falta de conhecimento, de habilidade e de treinamento?

HÁBITOS COLETIVOS

Os hábitos individuais sofrem bastante influência dos coletivos. Com o passar do tempo, as atitudes individuais vão se adaptando às regras dos hábitos coletivos, que podem ser grandes aliados ou grandes inimigos de instituições, empresas, escolas e até mesmo países. Vejamos alguns deles.

Hábitos sociais

Se você já viajou para fora do Brasil, deve ter notado que há coisas que fazemos aqui que simplesmente não se fazem lá fora, e vice-versa. Mudando de país, distinguimos com maior facilidade os hábitos sociais, identificados com a cultura de um povo e passados através das gerações. Eles derivam de diversos fatores ambientais, religiosos, educacionais, antropológicos e históricos, entre outros.

Cresci escutando a mesma máxima: "O Brasil não tem jeito: o problema é cultural". Essa frase na verdade se constitui de duas afirmações: a) "O Brasil não tem jeito"; b) "o problema é cultural". A segunda pode estar certa, mas a primeira, determinista, não.

Um bom exemplo de mudança de cultura bem-sucedida é a questão do uso de cinto de segurança nos veículos. Até os anos 1990, ele não era utilizado pela maioria da população. Quando a obrigatoriedade foi reafirmada, diziam que aquilo não pegaria, porque usar o cinto não era da nossa cultura. Hoje, para 80% dos brasileiros, é um hábito.[2] A pessoa senta no banco da frente e automaticamente põe o cinto, sem pensar.

A forma mais eficiente de construir o futuro de uma nação é ensinar os hábitos certos a seu povo, principalmente por meio de seu sistema educacional. Caso contrário, as mudanças não são sustentáveis. No estudo de hábitos que empreendi,

---

2   Informação disponível em: <http://www.brasil.gov.br/saude/2015/06/metade-dos-brasileiros-nao-usa-cinto-de-seguranca-no-banco-de-tras>. Acesso em: 8 abr. 2016.

utilizando minha formação acadêmica como jurista, idealizei e lancei um projeto chamado Escola da Cidadania, que visa abordar o tema com crianças e jovens, desenvolvendo novos hábitos cidadãos. Essa escola utiliza livros paradidáticos que auxiliam os alunos a entrar em contato com a Constituição Federal, a ciência política e os direitos humanos, entre outras questões. Se começarmos a modificar os hábitos sociais agora, no longo prazo teremos mais pessoas ajudando a difundir novos e sadios hábitos sociais.

Hábitos familiares

Não podemos falar dos hábitos coletivos sem mencionar os hábitos familiares, já que a família é uma pequena comunidade. Diversas pessoas me dizem que não conseguem mudar porque fazem parte de uma família com hábitos nocivos. De fato, a família é um dos maiores fatores de influência no nosso comportamento. As possibilidades de mudança de comportamento sustentável aumentam em um ambiente propício, portanto fica mais fácil quando a família ajuda.

É possível mudar os hábitos familiares, mas é necessário um esforço coletivo de pelo menos alguns dos membros. Você pode dar início à batalha e ir conquistando aliados aos poucos. No capítulo 14, falo sobre os Círculos de Mudança de Hábitos que você pode fazer na sua família, um instrumento poderoso para conquistar seus objetivos.

Ao tentar ajudar em um processo de mudança de hábitos

familiares, lembre-se de, em vez de ressaltar os problemas e criticar as pessoas, elogiar e destacar as características positivas primeiro, para apenas depois sugerir mudanças, ou o tiro pode sair pela culatra. É uma questão de treino, e nos detalhes reside o sucesso. Vale a pena investir tempo e amor nas pessoas que mais amamos.

Hábitos coorporativos

Algumas das maiores, mais eficientes e inovadoras empresas do mundo investem milhões de dólares em treinamentos para criar bons hábitos coletivos e contribuir para a formação de bons hábitos individuais em seus funcionários, sabendo que ambos se alimentam. Esse é um dos fatores mais importantes na criação de uma cultura organizacional eficiente para empresas que querem crescer.

PARTE 2

Dimensão emocional:
Você é a grande solução

"Só existem dois dias no ano em que nada pode ser feito. Um se chama ontem e o outro se chama amanhã. Portanto, hoje é o dia certo para amar, acreditar, fazer e principalmente viver."

Dalai-Lama

4. Conheça a si mesmo

João era aluno do ensino médio de uma escola tradicional. Estava preocupado, porque tinha uma prova de química no dia seguinte e não estudara absolutamente nada. Não podia faltar, e, quando chegou para fazer o teste, a sensação de ver a avaliação e não saber nada tomou conta dele. As mãos suavam, e, depois de alguns minutos encarando as questões, que lhe pareciam grego, ele rabiscou algumas coisas no papel e foi para casa. Como você acha que ele se saiu?

Albert acabara de ser promovido a general e já surgira um grande desafio: seu país entrara em guerra e ele precisava levar suas tropas ao campo de batalha. Não tinha dados sobre a geografia de onde lutaria, como era o exército adversário e quais armas usava. E pior: não sabia nem mesmo com quantos homens podia contar, tampouco quais armamentos eram mais eficientes, porque não tivera tempo de se preparar. O que você acha que aconteceu com suas tropas?

Maria sempre tivera o desejo de empreender. Sonhava com o dia em que abriria uma confeitaria, já que sabia preparar tortas deliciosas, mas apareceu a oportunidade de abrir uma loja de roupas. Ela nunca tinha administrado nada, nem sua sócia. Foram em frente, não analisaram bem o ponto comercial, não fizeram um planejamento estratégico, muito menos uma campanha de marketing. O que você acha que aconteceu com a loja?

Todos se deram muito mal: João tirou zero, Albert sofreu uma grande derrota e a loja de Maria fechou em menos de seis meses. Isso porque nenhuma dessas pessoas procurou o conhecimento necessário para que seus objetivos se tornassem realidade.

Se um aluno quer tirar uma boa nota, é fundamental que estude; a única outra opção é colar, mas assim ele apenas contribui para seu fracasso, assim como quem busca emagrecer milagrosamente ou ficar rico do dia para a noite. Quando um general se prepara para uma guerra, ele tem de conhecer tudo sobre seu adversário (como são formadas as tropas inimigas, qual é o estilo de liderança do outro general etc.) para ter mais chances de sair vitorioso; informações sobre as condições reais de suas tropas, quais são os veículos e armamentos adequados para a geografia do local etc. são fundamentais. Um empreendedor que vai abrir um novo negócio deve dominar o assunto e ter conhecimento sobre gestão.

E quem quer mudar hábitos? Precisa ter conhecimento de quê? De si mesmo. Conhecer-se é um dos mais importantes passos para conseguir mudanças duradouras e sustentáveis na vida. Temos de identificar nossos pontos fortes, nossos pontos de desafios e nossos pontos cegos.[1]

---

1   As informações relativas aos pontos fortes, pontos de desafios e pontos cegos foram tiradas do livro *What You're Really Meant to Do*, de Robert Steven Kaplan (Boston: Harvard Business School Publishing, 2013). Ele trabalhou vinte anos em Wall Street, a maior parte do tempo como alto executivo do banco Goldman Sachs, chegando à vice-presidência do seu conselho, e hoje é professor da Escola de Negócios de Harvard.

Saber tudo sobre os hábitos não basta para conquistar seus objetivos. Você precisa ter todas as informações necessárias sobre o campo de batalha (que é você mesmo), suas tropas (sua vontade, suas crenças e habilidades, seus pontos fortes) e seus inimigos (os maus hábitos, pontos de desafios e pontos cegos). Por isso, faça uma profunda análise sobre si mesmo. O que precisa melhorar? O que acha que tem de bom? Por que age de determinadas maneiras mesmo sem querer? Aprenda a se questionar. Com razão, criticamos ditadores por não serem transparentes e não aceitarem críticas ao seu governo, entre outras coisas horríveis. Só que de vez em quando somos ditadores de nós mesmos, temos medo de nos entender e nos reinventar. O autoconhecimento pode ser um grande aliado para alcançar objetivos, desde que as informações colhidas sejam utilizadas para empreender uma mudança de hábitos e não se fique preso às armadilhas pelo caminho.

Às vezes fazemos um esforço tão grande para entender o mundo externo, ligados na televisão, na internet, no celular, que deixamos de nos entender e não encontramos nossa essência. Não percorrer os labirintos da própria história é um grande problema para quem quer conquistar seus objetivos, pois é preciso fazer esse caminho, realizar um inventário dos pontos fortes e dos pontos de desafios. Não adianta se enganar, não adianta enganar o mundo, você não consegue fugir de si mesmo, embora muitos fiquem a vida toda tentando. Deve-se ter maturidade e começar a busca interior que vai possibilitar novas e grandes oportunidades. Com um mapa claro de si mesmo, você conseguirá estabelecer a melhor estratégia para vencer os obstáculos.

Durante a jornada por autoconhecimento, você vai descobrir que tem um grande potencial dentro de si, além de outras informações incríveis que o auxiliarão a mudar suas autocrenças e libertar toda a sua capacidade.

OS PERIGOS DO AUTOENGANO

É comum que as pessoas não acreditem em si e tenham tanta certeza de que não são capazes que isso acaba se concretizando. Essa situação pode acontecer por puro desconhecimento ou falta de confiança, mas a verdade é que todos têm a capacidade de realizar grandes feitos.

Também existem pessoas que se enganam achando que tudo é fácil, que podem fazer o que quiserem na hora em que quiserem, que estão sempre prontas, mas que não fazem o que afirmam que vão fazer. Elas estão certas quando dizem que podem, mas ou não acreditam nisso realmente ou têm dificuldade de partir para a prática e na primeira dificuldade adiam o projeto, alegando que estão muito ocupadas e vão ter de deixar para depois. Só que esse dia nunca chega, já que elas caem sucessivamente nas armadilhas dos seus hábitos.

DESCOBRINDO SEUS PONTOS FORTES, DE DESAFIOS E CEGOS

Todos nós temos pontos fortes, características boas e saudáveis; faça uma lista de suas qualidades, sendo absolutamente sincero. Já os pontos de desafios são aqueles que precisamos melhorar; anote-os também, porque será preciso enfrentá-los para atingir suas metas.

Por exemplo, uma pessoa costuma adiar tudo, mas, quando de fato começa algo, é muito determinada. Essa determinação seria um ponto forte, e a procrastinação, um ponto de desafio. Saber isso sustentará você em sua jornada.

Já os pontos cegos são um pouco mais complicados, porque se trata de qualidades e defeitos que não conseguimos enxergar em nós. Fique bem atento para não deixar que se tornem grandes problemas. Converse com três pessoas nas quais você confia plenamente, explique o que está fazendo e peça que elenquem seus pontos fortes e de desafios. Avise que isso é sério, para que elas não levem na brincadeira, e as deixe à vontade para falar.

É muito importante que você reaja bem, escute tranquilamente, pondere, anote e não discuta ou rebata o que elas falarem. O que outra pessoa diz não se torna uma verdade absoluta, mas ajuda a clarear algumas qualidades e defeitos que não enxergamos em nós. Deixar pontos cegos pode atrapalhar não só sua mudança de hábitos, como também sua vida.

5. O sistema de autocrenças

O corpo humano tem um avançado sistema de defesa chamado sistema imunológico. Ele nos defende de bactérias e vírus e auxilia na recuperação de enfermidades, sendo fundamental para a sobrevivência. Qualquer doença que afete o próprio sistema imunológico é extremamente grave, pois a pessoa fica vulnerável e uma simples gripe pode ser fatal.

Gosto de comparar o sistema imunológico ao que chamo de sistema de autocrenças, ou SAC — as crenças que temos sobre nós mesmos, que norteiam nossas ações e regem nossos sonhos. O SAC é uma espécie de sistema imunológico emocional, ou seja, nos dá a força para superar os fracassos e vencer os desafios. É ele que nos faz dar a volta por cima ou continuar buscando nossos sonhos. É ele que nos impulsiona diante de uma barreira ou nos leva a desistir nas primeiras dificuldades. É ele que nos possibilita ter resiliência ou nos deixa debilitados diante de uma pequena derrota.

Não é incrível como algumas pessoas são tão fortes que, mesmo passando por dificuldades, conseguem permanecer lutando até chegar ao seu objetivo? Enquanto isso, muitas outras, com um ou dois fracassos, simplesmente desistem ou continuam tentando só porque é isso que a sociedade espera, não porque creem de verdade que vão conseguir.

Os hábitos ruins sabotam nosso SAC e nos impedem de acreditar que é possível mudar. Ora, se prometemos a nós mesmos que vamos fazer diferente e não fazemos, que vamos mudar nossos hábitos para melhor e não mudamos porque não entendemos como eles funcionam, achamos que o problema somos nós, que não somos bons o suficiente. Essas crenças que aprisionam o sucesso são um tiro de canhão no SAC. Ter um SAC forte é a base para desenvolver as habilidades necessárias para mudar hábitos.

Já que estamos falando em crenças, é preciso entender o que é acreditar. Não é dizer que acredita da boca para fora, e sim trabalhar duro por um objetivo, esforçar-se, pagar o preço, levantar depois de um fracasso e seguir em frente. Com um SAC forte, podemos conseguir reviravoltas fabulosas na vida; com um SAC fraco, qualquer problema nos coloca de joelhos e aos poucos vamos perdendo nossa capacidade de acreditar em nós mesmos. A esperança vai desaparecendo e dando lugar ao medo do fracasso, da rejeição social etc., que nos paralisa. Deixamos de acreditar até que somos capazes de realizar atividades banais.

Veja o exemplo de Maurício. Ele se queixava o tempo todo do emprego, andava insatisfeito com o casamento e era sedentário ao extremo, não conseguindo subir um lance de escadas sequer sem ficar muito cansado nem manter uma boa vida sexual. Não conseguia entender por que não tinha sucesso nas mudanças que tentava. Prometera a sua esposa e aos filhos que seria mais calmo, que cuidaria da saúde e que aproveitaria mais a vida, mas não conseguia tirar os planos do papel, e cada tentativa frustrada parecia comprovar o que achava de si próprio: "Não sou capaz; isso é para quem tem força de vontade".

Deparamos diariamente com situações como a de Maurício, seja em nossa vida, seja na de amigos e familiares, e a força dos hábitos está presente em muitos desses problemas. Por bastante tempo fiquei preso a um círculo vicioso e tive um SAC frágil. Não acreditava em mim para quase nada e toda vez que tentava fazer algo e dava errado só servia para confirmar aquilo que eu já achava. Eu me peguei pensando como Maurício diversas vezes.

No início da formação de um hábito ruim, curtimos o prazer imediato e deixamos para depois o que deve ser feito. Sempre dizemos que na hora em que quisermos paramos, mas, quando olhamos para nós mesmos e vemos como as coisas estão, pensamos que passamos tanto do limite que não somos capazes de voltar, de operar uma mudança significativa. Por isso, costumo pedir às pessoas que imaginem a seguinte situação: você está tomando banho de mar bem perto da praia e começa a nadar para a parte mais funda. De repente, quando você olha, está tão longe que se desespera. "Meu Deus, por que eu fiz isso? Estou longe demais, não vou conseguir voltar." Você está cansado e com cãibras, sem saber como voltar. Meu mar era a gordura, e a distância até a praia eram os 55 quilos que precisava emagrecer.

Se você ainda está perto da sua praia, volte para

ela; se está longe, acredite que pode chegar lá. O que quer encontrar nela? Um corpo saudável? Sucesso profissional? Bons relacionamentos? Sobriedade? Uma vida sem cigarros? Dinheiro? Então comece a nadar logo e pense apenas na próxima braçada, e na próxima, e assim por diante. Se olhar para toda a distância que tem pela frente, a disciplina vai embora, porque você não acredita que pode cumprir todo o percurso. Pensar em pequenas etapas torna mais fácil chegar a seu objetivo.

É possível desenvolver e fortalecer o SAC fazendo exercícios mentais. Com as ferramentas certas, pessoas que não acreditavam passam a acreditar, pessoas que não conseguiam fazer coisas banais realizam grandes feitos. O primeiro passo na jornada da mudança de hábitos é se convencer de que se é capaz. O verbo *acreditar* deve vir sempre acompanhado de *esforçar-se, superar, treinar, ousar, fracassar, tentar, tentar, tentar, tentar*. A crença real de que você pode atingir seus objetivos serve de combustível para desenvolver características fundamentais para quem quer mudar hábitos, como disciplina e foco.

Temos uma variedade de autocrenças para cada área da nossa vida. Conheço pessoas muito bem-sucedidas nos negócios, que acreditam no seu poder de ganhar dinheiro, mas são incapazes de crer que podem emagrecer, parar de fumar ou beber. E o contrário também é verdade. Por isso, é preciso conhecer-se profundamente para saber quais são as crenças relacionadas aos seus hábitos.

Todo ser humano, seja o presidente dos Estados Unidos, seja um morador de rua, tem um SAC. O que muda é o conteúdo dele. Olhamos para pessoas que realizaram feitos notáveis e dizemos: "Como são confiantes! Que capacidade de liderança!". Achamos que possuem poderes quase sobrenaturais. Balela. Todos têm medos, frustrações e colecionam fracassos. Pessoas bem-sucedidas constroem o alicerce das suas vitórias nas suas derrotas.

Abraham Lincoln foi o décimo sexto presidente dos Estados Unidos e um dos mais importantes deles. Nascido em uma família humilde do interior, teve vida difícil: perdeu a mãe na infância, todos os negócios que montou foram à falência e foi derrotado em todas as outras eleições antes de ganhar a presidencial. Quando assumiu o governo, precisou enfrentar uma guerra civil.

Lincoln tinha tudo para desistir dos seus sonhos. Poderia muito bem ficar reclamando e não realizar nada. Seria um fracassado e hoje não estaríamos aqui falando dele. No entanto, continuou acreditando em si mesmo quando era motivo de piada.

Avançando no tempo, imagine o baque que um garoto de doze anos que sonhava em ser jogador profissional de basquete teve quando lhe disseram que não era bom o suficiente para fazer parte do time da escola. Ele foi para casa. Tinha duas opções: desistir ou treinar mais para ser melhor. Michael Jordan escolheu a segunda e pouco tempo depois se tornou o melhor jogador de basquete da história, seis vezes campeão da NBA. Se ele tivesse desistido, nunca saberíamos aonde poderia chegar.[2]

---

2 Você pode saber mais sobre a trajetória de Michael Jordan em seu livro *Nunca deixe de tentar* (Rio de Janeiro: Sextante, 2009).

DIFERENTES TIPOS DE AUTOCRENÇAS

Existem três tipos de autocrenças: limitantes, neutras e estimulantes.[3] As primeiras são terríveis: elas nos impedem de realizar nossos sonhos e mudar nosso padrão comportamental; fazem com que achemos que somos incapazes e que os outros são melhores que nós. As segundas, as neutras, não ajudam nem atrapalham. Já as estimulantes podem ser usadas em nosso benefício. São capazes de nos auxiliar nos momentos de dor, angústia e dificuldade. São elas que nos empurram para a frente e nos fazem acreditar em nós mesmos. São elas que nos erguem quando o mundo vira as costas para nós e fornecem a energia e a força necessárias para a mudança de hábitos que queremos fazer.

Mas muito cuidado: todos temos os três tipos de crenças, então precisamos diminuir as limitantes e neutras e pôr no lugar delas crenças estimulantes. Tudo o que interpretamos passam por elas, que podem destruir sonhos ou achar soluções. É como se antes de chegarmos a uma conclusão sobre determinado assunto ele passasse por um filtro (nossas crenças):

---

3   A base teórica deste e do próximo capítulo é do livro *O poder sem limites*, de Tony Robbins (Rio de Janeiro: BestSeller, 2009).

FILTRO	RESULTADO	
Fracasso	Crença estimulante	*"Deu errado dessa vez, mas vou seguir em frente."*
Fracasso	Crença neutra	*"Deu errado. E agora?"*
Fracasso	Crença limitante	*"Deu errado porque sou um fracasso. Vou desistir."*
Sucesso	Crença estimulante	*"Eu mereço, lutei por isso, vou seguir em frente."*
Sucesso	Crença neutra	*"Será que sigo em frente ou desisto?"*
Sucesso	Crença limitante	*"Dei sorte dessa vez, é mais seguro desistir."*

Agora, faça você. Identifique cinco autocrenças estimulantes e cinco limitantes e as anote. Sua nova meta é eliminar as limitantes e fortalecer as outras.

6. Como as crenças são formadas

O poder das crenças sobre nós é tão grande que o efeito placebo até hoje causa espanto na ciência. A crença de que o comprimido vai surtir efeito faz com que, em alguns casos, ele de fato cause reações no organismo, mesmo que não haja nada nele. Nossas crenças são o ponto de partida para tudo o que queremos fazer na vida. Mas como elas são formadas? Por que algumas pessoas têm mais crenças estimulantes, e outras, mais crenças limitantes?

AMBIENTE

Um dos mais importantes centros formadores das nossas crenças é o ambiente em que fomos criados e vivemos. Ele pode libertar e estimular atitudes nobres e dar as bases para grandes conquistas, além de fornecer as crenças necessárias para mudar a autoconfiança, a autoestima, o otimismo e a resiliência, ou pode ser um calvário repleto de exemplos de fracasso, pessimismo e conformismo. Desse tipo de ambiente emanam crenças que nos impedem de ter habilidades fundamentais para conquistar nossos objetivos.

Se você cresceu e viveu em um ambiente saudável, é bem mais fácil ter crenças estimulantes, e o contrário também é verdade. Com isso, não quero dizer que a condição financeira define o sucesso ou fracasso. É possível e muito comum que ambientes de muita riqueza financeira sejam formadores de crenças limitantes e que ambientes de precariedade levem a crenças estimulantes.

Viver em uma família ou comunidade com crenças estimulantes pode nos ajudar muito, mas não devemos ser deterministas: nossas crenças não são formadas a partir de um único lugar ou de uma única pessoa. Mesmo os que nasceram e viveram em um ambiente de crenças limitadoras conseguem mudá-las utilizando os outros centros de formação de crenças. Se isso acontecer com você, busque outro centro e trabalhe pelas crenças estimulantes. Não espere que outros o façam por você.

ACONTECIMENTOS

Os acontecimentos na nossa vida são formuladores de autocrenças. Alguns podem parecer pequenos para a sociedade, mas não são para você, e fornecem as bases para conquistas maiores. O mais importante é utilizar as vitórias do dia a dia para fortalecer sua confiança em si mesmo e tomar cuidado com os pequenos deslizes que têm o efeito contrário.

Sempre que deparar com uma situação que remete a uma autocrença limitante, combata-a. A superação de um medo é um excelente exemplo. Muitas pessoas têm medo de barata. Só imaginar aquele bicho se aproximando já vai lhes dando pavor. Se você é uma dessas pessoas, talvez tenha até feito careta. Você pode pensar: "Não tenho medo, tenho nojo! É diferente!". No entanto, é bem provável que você tenha os dois sentimentos. Por isso, da próxima vez que vir uma barata, enfrente-a. Olhe para ela e diga: "Venha; estou pronto". E faça o que tem de ser feito. Você acha que isso é bobagem? Pois não é. A grande vitória não é matar a barata, e sim vencer um medo, formular uma nova crença de que você é capaz de fazer uma coisa que não acreditava ser. Você pode fazer isso em outras áreas da sua vida, o que lhe dará as bases para novas vitórias. Em seus treinamentos, Anthony Robbins, um dos maiores especialistas em *coaching* do mundo, faz as pessoas passarem por um caminho de brasas pelo mesmo motivo.

Um acontecimento que trouxe novas crenças sobre mim mesmo foi conseguir entrar no time de basquete no ensino médio. Eu vinha de um verdadeiro calvário social no colégio, então pensei: "Não sou tão imprestável assim. Se eu fiz isso, posso fazer outras coisas". Uma delas era ser presidente do grêmio da escola, o que consegui depois de um tempo. E, se podia ser presidente do grêmio, conseguiria fazer outras coisas também. Lógico que houve um processo até que essas conquistas acontecessem, mas acreditar é o primeiro passo na busca do sucesso.

Não me tornei nem me tornarei o próximo Michael Jordan, mas entrar para o time de basquete me mostrou que eu era capaz. Eu tinha começado a vencer a mais difícil de todas as batalhas, a batalha contra mim mesmo, contra os limites que eu me colocava. Esses limites estão em várias ações do nosso dia a dia, mas às vezes nem nos damos conta deles. Dizemos "Não é para mim", "Não consigo emagrecer", "Não consigo ganhar dinheiro", "Não consigo largar o cigarro", "Não consigo ser mais calmo", e daí por diante. Pare de dizer que não consegue: quando o desafio for grande, diga para si mesmo que vai se esforçar, que está se preparando, que vai tentar até conseguir. É a postura correta de quem quer mudar hábitos.

CONHECIMENTO

É um dos mais potentes criadores de autocrenças e pode mudar ativamente quem você é. O conhecimento é libertador, mas precisamos nos dedicar a ele. Mesmo uma pessoa que veio de um ambiente formador de crenças limitantes e que convive com gente que rouba sua autoconfiança pode passar a ter crenças estimulantes e conseguir realizar seus objetivos, ser segura, confiante e inspiradora com o conhecimento. Ele tem o poder de substituir suas crenças e mudar sua vida.

Algumas pessoas se veem em situações em que tudo parece contra elas: a família não ajuda, falta dinheiro, a comunidade é extremamente violenta etc. Entretanto, com o conhecimento, venceram na vida. Por mais difícil que pareça, saiba que o jogo está só começando, e o conhecimento contido neste livro lhe servirá de ferramenta para conseguir grandes realizações.

O conhecimento deve servir a um propósito. Acumular

informações aleatoriamente não adianta; você tem de usá-las e aproveitar as oportunidades, sendo um agente transformador na sua vida, na das pessoas que você ama e, se possível, na da sua comunidade.

É importante ressaltar que, quando falo em conhecimento, não me refiro apenas às disciplinas tradicionais, mas ao desenvolvimento humano. Além de consumir livros e revistas, ver filmes e assistir a palestras, precisamos reformular nosso sistema educacional, que muitas vezes forma pessoas inseguras e cheias de crenças limitantes, em vez de confiantes, corajosas, ousadas e criativas. Precisamos repensar e buscar soluções para criar a educação do século XXI, porque ainda estamos no século passado nessa área.

RELACIONAMENTOS

As pessoas para quem damos importância são as maiores colaboradoras na formação das nossas crenças, tanto as estimulantes como as limitantes. Por isso, é fundamental sermos pais, amigos, cônjuges e colegas de trabalho que ajudem a formar crenças estimulantes nas pessoas com que convivemos. Além de as auxiliarmos, também estaremos nos auxiliando; afinal, conviver com quem nos inspira e nos anima é ótimo, enquanto conviver com quem nos coloca para baixo e nos faz achar que não somos capazes é muito ruim. Não estou dizendo com isso que não podemos apontar defeitos a serem corrigidos, claro.

Você conhece pessoas que são verdadeiras formadoras de crenças limitantes? Que só colocam os outros para baixo? É preciso tomar cuidado com elas, porque são verdadeiros destruidores da autoconfiança e da autoestima. Não seja assim nem deixe que tratem você assim. As mesmas palavras podem ser cruéis ou vir embaladas em carinho.

Vamos ver um exemplo. A mulher diz para o marido: "Amor, quero fazer um curso". Ele responde, olhando para a TV: "Para quê? Para largar no meio de novo? Você não consegue nem terminar de ler um livro!". Situações como essa se repetem não apenas com casais, mas com filhos e amigos. No próximo capítulo, apresento padrões de comunicação que auxiliarão você na construção de crenças que estimulem e não limitem as pessoas.

Nossos relacionamentos no ambiente de trabalho, principalmente com superiores, também são importantes para a formação de crenças. Um líder formador de crenças limitantes é ineficiente. Lógico que um chefe deve cobrar metas, exigir resultados, mas, se fizer isso de maneira que ajude a criar crenças estimulantes, terá colaboradores muito mais comprometidos e produtivos.

EXPERIÊNCIA

Já ter feito algo é a melhor forma de acreditar que se pode fazer de novo; ter tentado e ainda não ter conseguido tem o efeito contrário. Resultados passados ruins geram crenças limitantes que precisam ser modificadas. Eles precisam ter um novo significado, ser vistos como aprendizado.

HÁBITOS

Hábitos também são formadores de crenças e, se não aprendermos a sair de sua área de influência, não conseguiremos entender por que fazemos o que fazemos. Se forem hábitos ruins, vamos deixando de acreditar em nós mesmos. Por isso, precisamos de um SAC forte para desenvolver as habilidades pessoais necessárias. Hábitos bons constroem crenças estimulantes; hábitos ruins constroem crenças limitantes.

7. Como mudar as autocrenças

A TÉCNICA DCD

O médico e pesquisador Augusto Cury desenvolveu ao longo de sua carreira como psiquiatra a teoria da inteligência multifocal, que estuda a formação de pensamentos e fornece valiosas informações para o desenvolvimento das competências emocionais necessárias para alcançar sucesso na mudança de hábitos.[4]

Uma técnica extremamente eficiente é a DCD: duvide, critique e determine. Ela deve ser utilizada toda vez que você pensar em uma crença limitante, como "Eu não sou capaz", "Não vai dar certo", "É melhor desistir". É preciso agir nos primeiros dez segundos em que a crença estiver na sua mente. O ponto de partida para entender o funcionamento dessa técnica é simples: as autocrenças são falsas e você as torna verdadeiras. Observe que são pensamentos, então não são reais, mas virtuais; você é que os transforma em realidade. Quando uma crença aparecer na sua mente, você tem o poder de rejeitá-la ou aceitá-la. Por isso, em vez de concretizar as crenças limitantes, busque as estimulantes.

---

4   A base teórica deste e do próximo capítulo é do livro *Inteligência multifocal*, de Augusto Cury (São Paulo: Cultrix, 1999).

A ação deve ser acompanhada da emoção — quanto mais, melhor. Assim, você pode revolucionar seu SAC. Mas como? Vejamos alguns exemplos.

Crença limitante	*"Não consigo mudar meus hábitos."*
Duvide	*"Será que não consigo mesmo mudar meus hábitos? Por quê? Quem disse isso?"*
Critique	*"Isso é uma bobagem. Não preciso aceitar essa crença como verdadeira"*
Determine	*"Vou conseguir mudar meus hábitos. Ninguém nem nada vai me impedir, Estou pronto para mudar."*

Crença limitante	*"Não consigo emagrecer."*
Duvide	*"Quem disse isso? Por que não?"*
Critique	*"Isso é uma bobagem e me atrapalha. Não vou aceitar como verdade."*
Determine	*"Sou capaz de emagrecer. Tenho força de vontade e estou pronto para os desafios."*

Crença limitante	*"Não consigo prosperar."*
Duvide	*"Por quê? Quem disse? Nnao acredito nisso!"*
Critique	*"Nem acredito que pensei numa bobagem dessas"*
Determine	*"Tenho capacidade e disciplina de sobra para ganhar mais dinheiro."*

Agora faça você. Elenque suas crenças limitantes e use a técnica DCD com elas.

MUDE SUA COMUNICAÇÃO

Saber se comunicar faz a diferença: aqueles que falam e ouvem bem são mais cativantes e diferenciados. Uma das melhores formas de mudar nossas crenças e ajudar outras pessoas a fazer o mesmo é comunicar de modo positivo. Para isso, não podemos esquecer que a comunicação não ocorre apenas pela voz: a expressão, o olhar, a postura, a entonação, tudo isso faz parte desse ato. Imagine que você conta a um colega de trabalho que recebeu uma promoção e ele diz "Que legal, estou muito feliz por você", mas seu rosto não nega que não gostou da notícia.

Voltando às palavras: muitas pessoas utilizam termos negativos nas suas conversas internas, tratando a si mesmas de maneira rude. Isso só fortalece as crenças limitantes. Portanto, ouse mudar, deixe de ser um espectador passivo e estabeleça um padrão mais eficiente. Troque "Ah, é muito difícil" por "Estou pronto para o desafio". Esse jeito de falar consigo mesmo faz toda diferença, como mostram os exemplos a seguir.

MANEIRA NEGATIVA	MANEIRA POSITIVA
"É muito difícil, não vou conseguir."	"Vou superar os desafios e conseguir."
"Sou a pessoa mais azarada do mundo"	"Quanto mais me dedico, mais sorte tenho."

Uma importante forma de mudar as crenças das pessoas que convivem conosco é com nossas respostas. Existem quatro tipos de resposta-padrão: a passiva-destrutiva, a passiva-construtiva, a ativa-destrutiva e a ativa-construtiva. Vamos ver alguns casos.

Caso 1
O filho conta para o pai que tirou nota oito em uma prova e está muito contente.

PASSIVA-DESTRUTIVA	VERBAL	*"Você arrumou sua cama hoje de manhã?"*
	NÃO VERBAL	*Não faz contato visual. Dá as costas e vai embora.*
PASSIVA-CONSTRUTIVA	VERBAL	*"Que boa notícia!"*
	NÃO VERBAL	*Rosto impassível*
ATIVA-DESTRUTIVA	VERBAL	*"Só oito? Sua obrigação é tirar sempre dez. Você não faz nada além de estudar."*
	NÃO VERBAL	*Rosto fechado, testa franzida.*
ATIVA-CONSTRUTIVA	VERBAL	*"Que ótimo! Parabéns. Como foi a prova?"*
	NÃO VERBAL	*Olhos nos olhos, sorriso sincero no rosto*

Caso 2
O filho chega com uma nota baixa e está apreensivo. É lógico que ele precisa melhorar, porém a forma como isso é dito pode ajudá-lo a ter mais confiança e se preparar melhor não só para a escola, mas também para a vida. De outro lado, pode até fazer com que se torne um bom aluno, mas cheio de crenças limitantes, inseguro e pouco confiante.

PASSIVA-DESTRUTIVA	VERBAL	"Não sei o que faço com você."
	NÃO VERBAL	Não faz contato visual. Dá as costas e vai embora.
PASSIVA-CONSTRUTIVA	VERBAL	"Que nota ruim, filho."
	NÃO VERBAL	Rosto impassível
ATIVA-DESTRUTIVA	VERBAL	"Você é muito burro. Como pode só estudar e ir mal? Na sua idade eu já trabalhava e só tirava nota boa"
	NÃO VERBAL	Rosto fechado, testa franzida.
ATIVA-CONSTRUTIVA	VERBAL	"O que aconteceu? Você precisa estudar mais, levar a sério a escola."
	NÃO VERBAL	Olhos nos olhos, postura firme, mas acolhedora.

Caso 3

A mulher conta para o marido que conseguiu uma promoção.

PASSIVA-DESTRUTIVA	VERBAL	*"Passou no mercado na volta?"*
	NÃO VERBAL	*Não faz contato visual. Dá as costas e vai embora.*
PASSIVA-CONSTRUTIVA	VERBAL	*"Que boa notícia!"*
	NÃO VERBAL	*Rosto impassível*
ATIVA-DESTRUTIVA	VERBAL	*"Será que você vai dar conta? Vai ser muito mais cobrada."*
	NÃO VERBAL	*Rosto fechado, testa franzida.*
ATIVA-CONSTRUTIVA	VERBAL	*"Que notícia maravilhosa! Você merece!"*
	NÃO VERBAL	*Alegria, olhos nos olhos, sorriso sincero no rosto.*

Atente para o fato de que só respostas ativas-construtivas formam crenças estimulantes. As passivas-construtivas formam crenças neutras e tanto as passivas-destrutivas como as ativas-destrutivas formam crenças limitantes. Ajuste seu padrão para usar sempre as primeiras no seu dia a dia. Você pode se tornar um vendedor de sonhos e inspirar muitas pessoas a superar seus limites. Mesmo quando alguém decepcionar você, respostas positivas são a melhor ferramenta para chegar a um resultado diferente. Elas ajudam a autoconfiança e geram mais compromisso da outra pessoa. Doar sua atenção, incentivar e ser um verdadeiro parceiro faz a diferença na jornada pela mudança de hábitos.

Se possível, converse com seus familiares, amigos, colegas de trabalho e vizinhos sobre esses padrões de resposta e tente implementar o ativo-construtivo nos seus círculos sociais. É incrível como as relações melhoram: pais se aproximam de filhos, cônjuges voltam a se admirar e ter carinho um pelo outro. No início, pode ser um pouco trabalhoso, mas com o tempo seu cérebro vai transformar isso em um hábito.

Faça um teste agora. Pense em exemplos de respostas de todas as modalidades, levando em conta especialmente as ativas-construtivas.

É natural do ser humano prestar mais atenção aos fatos desagradáveis do que aos bons. Todos os dias somos bombardeados com notícias ruins pela mídia, e para onde olhamos vemos um retrato cruel da vida humana. Certa vez, falei sobre isso com um amigo jornalista. Ele me disse que notícias ruins chamavam a atenção e mantinham as pessoas conectadas, arrematando: "Imagine a notícia: 'Duzentos passageiros embarcaram hoje em Londres para Nova York, chegaram bem e foram cuidar dos seus afazeres'. Isso não prende a atenção das pessoas, e um veículo de comunicação precisa de público para sobreviver".

Fiquei reflexivo e triste, então comecei a perceber como o ser humano é excelente em achar defeitos, sem propor soluções. Se você quer desenvolver habilidades para mudar hábitos, aprenda com seus erros, mas também observe seus avanços, comemore quando der passos em direção aos seus objetivos. Isso fortalece a crença de que você é capaz. Observar sua evolução é fundamental para mudar hábitos.

Por isso, todos os dias anote três coisas que disse que ia fazer e realmente fez. Não importa o quê, não precisa ser nada grandioso. Pode ser algo como tomar banho, levar os filhos à escola, escovar os dentes. Depois passe a anotar realizações mais complexas, como passar um dia sem sair da dieta, sem fumar, sem beber, sem fazer compras, sem brigar, sem ter um pico de estresse. Isso vai ajudá-lo a fortalecer a crença de que você é capaz de cumprir o que se propõe. É muito ruim quando se perde a credibilidade com os outros, mas pior é perder a credibilidade consigo mesmo. Esse exercício vai auxiliá-lo na transformação da sua visão e liberar uma nova linha de crédito com juros baixos no banco da emoção.

8. Armadilhas da mudança de hábitos

Como toda jornada, a da mudança de hábitos também tem suas armadilhas. E a melhor forma de escapar de armadilhas é saber quais são e onde estão.

MITO DO POTENCIAL

As jornadas em busca de melhorias são a força motora que empurra o ser humano para a frente, fazendo-o cruzar os céus em aviões modernos, curar doentes, comunicar-se com uma pessoa do outro lado do mundo com apenas um toque em uma tela, explorar o universo com sondas que viajam milhões de quilômetros pela imensidão espacial, desvendar a nanotecnologia e decifrar o DNA. Por trás dessas transformações há uma legião de sonhadores e desbravadores, homens e mulheres que deram seu melhor para alargar a fronteira da vida e buscar desenvolvimento para a espécie humana. Esse processo não é fácil nem rápido, mas sem os hábitos essas pessoas não teriam como usar seu pleno potencial para engrandecer a humanidade.

Infelizmente, a esmagadora maioria da nossa espécie

fica presa no que chamo de equação do fracasso: potencial + procrastinação = fracasso. Na escola nos ensinam a decorar informações e não a desenvolver nossas competências pessoais e emocionais. O poder das autocrenças não é mencionado, e não somos formados para sonhar grande, tampouco para inovar. As limitações são impostas a crianças e jovens antes mesmo que tenham autonomia.

Eu chamo de mito do potencial o sentimento recorrente de que se pode fazer algo, mas na prática nunca se faz. Você deve conhecer alguém que diz o tempo todo "Ah, na hora em que eu quiser eu faço" e nunca faz nada, ou então pessoas muito inteligentes que não conseguem se acertar na vida ou não terminam o que começam. O potencial é fundamental, porém só ele não basta. É como se você tivesse uma Ferrari sem combustível. O potencial está em todos nós, mas precisa ser desenvolvido.

Muitas das pessoas que não usam seu potencial são procrastinadoras. Vão começar amanhã, na semana que vem, no próximo ano, depois do Carnaval. Há sempre uma desculpa para justificar o atraso na mudança de hábito: "Quando eu me aposentar, eu começo a cuidar da saúde", "Quando eu casar, paro de fumar", "Quando me separar, começo a fazer exercícios", "Quando conseguir passar em um concurso, paro de beber", "Quando for rico, vou me organizar", "Quando voltar das férias, eu emagreço", "Quando namorar, vou ser mais calmo", "Quando quiser, posso empreender" etc. Essas pessoas passam a vida toda acreditando nas mentiras que inventam para si mesmas, e a conta vai ficando cada vez mais cara. Por isso, liberte seu potencial e pare de adiar a mudança que quer para sua vida.

Quantas dietas você começou e deixou para lá? Quantas boas ideias teve nos últimos anos e abandonou? Responda com sinceridade: você vive a vida que sonhou? A dureza do dia a dia costuma nos empurrar para longe dos nossos sonhos, mas não podemos desistir deles, porque vale a pena lutar por aquilo em que acreditamos.

Uma vez perguntaram ao líder religioso Myles Munroe onde estavam os maiores tesouros da Terra. Nos cemitérios, ele respondeu. Ao ver o espanto das pessoas, ele explicou que os maiores tesouros da Terra não estão nas jazidas de petróleo, nas minas de diamantes ou nos bancos, e sim nos cemitérios, onde estão enterradas pessoas que passaram a vida toda sem desenvolver seu potencial, dizendo que iam fazer algo e não fizeram. Se tivessem partido para a ação, poderiam ter encontrado a cura para o câncer, revolucionado a tecnologia, inventado novas vacinas etc.

Profissionais que poderiam ser brilhantes se tornam medíocres, professores fantásticos são reprimidos, vendedores capazes de bater recordes perdem o emprego, esportistas incríveis abandonam a disputa. Pessoas com potencial desistem de si e levam seus sonhos para o túmulo, transformando-os em tesouros que a humanidade jamais conhecerá. Você pode mudar o mundo, nem que seja apenas o seu ou o dos que você ama, mas a vida é curta e o tempo é impiedoso. Não deixe para depois o que precisa começar a ser feito hoje.

Durante muito tempo fui especialista em procrastinar. Sempre sonhei em escrever um livro e, depois que emagreci e comecei a estudar mudanças de hábitos, já sabia qual seria o tema. Minha pesquisa já havia acabado e nada de começar. Então me dei conta de que estava preso à equação do fracasso. Romper o cárcere no início foi difícil, mas logo as páginas foram surgindo uma atrás da outra, e hoje meu sonho foi realizado.

É preciso ter em mente que, às vezes, estamos presos à equação apenas em algumas áreas da nossa vida. Pessoas de muito sucesso financeiro podem muito bem cair na equação do fracasso no que se refere à dependência química, por exemplo. O importante é buscar sempre chegar a outra equação: desenvolvimento do potencial + ação = sucesso.

PESSIMISMO E OTIMISMO INFANTIL

Os pessimistas partem do pressuposto de que tudo vai dar errado independentemente das ações que empreendam para conquistar seus objetivos. Gritam para si e para o mundo as dificuldades da vida, são arautos da certeza. Têm tanta segurança do insucesso que acham melhor nem começar.

Otimistas infantis, de outro lado, partem do pressuposto de que tudo vai dar certo independentemente das ações que empreendam para conquistar seus objetivos. Têm tanta certeza disso que relaxam, ficam displicentes e se tornam algozes de si mesmos.

É fundamental ser otimista. Acreditar que algo vai dar certo vai auxiliar você e motivá-lo a começar. Porém é preciso fazer sua parte: preparar-se, definir metas claras, ter um plano e fazê-lo funcionar. Tanto o pessimista como o otimista infantil correm grande risco de fracassar.

COITADISMO

O coitadismo acomete bilhões de pessoas, que têm compaixão demais de si mesmas, sentindo uma pena perigosa e paralisante. São sempre vítimas, culpando tudo e todos por seus problemas. Estão presas à crença de que são muito azaradas e a vida é injusta.

Pessoas assim vivem propagandeando suas crenças negativas. Adoram uma plateia para seu show de lamentos, e a família, os amigos e os colegas de trabalho são seu público preferido. Com isso, chamam a atenção e ganham migalhas de prazer com a solidariedade alheia.

Muitas vezes, coitadistas têm sucesso em algumas áreas da vida, por isso sua condição não é notada. São aqueles que trabalham muito e dizem: "Ah, estou obeso porque minha vida é corrida. Trabalho demais. Chego em casa tarde, não tenho tempo para nada". Outros se tornam verdadeiros mártires quando alguém que os ama sugere a mudança de um hábito. "Eu já me sacrifico o bastante pela família, não podem reclamar." E assim eles seguem em uma rotina perigosa.

CONFORMISMO

Os conformistas são aqueles que sempre se acomodam com sua situação. Com frequência pensam "Sou assim" e sempre têm uma justificativa na ponta da língua: "Não posso por causa dos meus filhos", "Não dá tempo", "Meus pais não deixam" etc., vivendo à margem dos seus sonhos. Às vezes, acham que isso é uma qualidade, porque aparentam estar bem, mas a chama dos sonhos e da esperança que possibilita mudanças de hábitos se apagou, e eles passam a vida sem coragem de ousar, presos às suas crenças limitantes. O conformismo cala pessoas fascinantes, e os conformistas.

PARTE 3

Dimensão executiva:
Como mudar hábitos

"A mudança não virá se esperarmos por outra pessoa ou outros tempos. Nós somos aqueles por quem estávamos esperando. Nós somos a mudança que procuramos."

Barack Obama

9. Competências para a mudança de hábitos

HUMILDADE

Uma arte muito propagada e pouco exercida, muito admirada e pouco cultivada nos corações e mentes é a humildade, mãe de todas as virtudes. Sem ela nos tornamos arrogantes, donos da verdade absoluta, senhores de tudo. Como mudar nossos hábitos se não temos humildade para reconhecer que precisamos fazê-lo? É a humildade que nos permite estar abertos ao novo e sair da zona de conforto.

Ser humilde não é ser subserviente a ninguém; é cultivar a arte da gratidão, ter coragem de se colocar no lugar dos outros, de se autoavaliar e reconhecer os próprios erros, de pedir dignamente desculpas às pessoas que se magoou e a si mesmo e, a partir daí, fazer as pazes com a própria história.

Um bom exercício para desenvolver a humildade é escrever uma carta e entregá-la pessoalmente a alguém que ajudou você, não importa quando. A carta deve ser verdadeira, curta e específica, com uma descrição do que a pessoa fez por você e como isso afetou sua vida. Informe como está e diga que se lembra dessa atitude. Você pode ligar para a pessoa e dizer que precisa conversar. Não avise sobre o que se trata. Quando estiver com ela, peça que ouça a carta sem interromper. Leia-a em voz alta, sem pressa. Depois conversem. Faça isso com pelo menos três pessoas. Os resultados são incríveis: você não só cultivará a humildade, como sairá mais feliz, forte e seguro de que está progredindo.[1]

CAPACIDADE DE ALTERAR A ROTINA

Em *O poder do hábito*, Charles Duhigg apresenta uma regra fundamental para mudar hábitos: manter a deixa e a recompensa do hábito antigo, mas mudar a rotina. Como fazer isso?

Um exemplo: o tédio é a deixa. O cérebro anseia por diversão, que é a recompensa. A rotina pode ser beber. A forma mais eficiente de mudar o hábito é buscar a mesma recompensa, ou seja, diversão, com outra rotina, como conversar com os amigos ou praticar um esporte. Outro exemplo, para quem tem o hábito de ser grosseiro: a contrariedade é a deixa, o cérebro anseia pela sensação de alívio, que é a recompensa, e executa a rotina, que é gritar. Em vez de gritar, a pessoa pode demonstrar sua insatisfação educadamente, atingindo a mesma sensação de alívio como recompensa. Por fim, um fumante provavelmente não conseguirá parar de fumar se não encontrar outra atividade quando o anseio pela sensação de bem-estar que a nicotina oferece surgir, e outros hábitos seguem a mesma lógica.

---

1   Essa sugestão foi retirada do livro *Florescer*.

AUTOCONFIANÇA

Quando você chega em casa e percebe que esqueceu a chave, a porta está trancada e não há ninguém em casa, é um contratempo daqueles, e a solução é esperar alguém chegar ou chamar um chaveiro, mas sem a chave você não consegue entrar. A chave para a mudança de hábitos é a autoconfiança. Sem ela você não consegue "adentrar" a mudança de hábitos que deseja, e desenvolvê-la fará diferença na sua vida. Acredite e confie mais em si (a técnica do DCD pode ajudar você nisso).

No entanto, cresci escutando minha vó falar que tudo em excesso era veneno, e ela estava certa. A falta de autoconfiança pode ser um fator impeditivo do sucesso, mas o excesso também é. Evitamos o médico, não nos prevenimos, porque assim ignoramos nossas fragilidades, mas muitas vezes acabamos pagando um preço caro pela imprudência.

Por exemplo, muitos acidentes de carro são causados por motoristas tão confiantes que se consideram imunes a tudo: ultrapassam em curvas, excedem os limites de velocidade, fazem barbeiragens. E o mesmo ocorre na mudança de hábitos. "Ah, já estou magro, posso comer à vontade", "Ah, é só um cigarrinho", "Ah, uma vez só não vai me tirar do controle", e assim vamos fraquejando. De repente são duas vezes, três, vinte, trinta... E aí o antigo hábito volta. Lembre-se de que hábitos não são eliminados, e sim substituídos, então a qualquer momento podem voltar. Portanto, é preciso ter uma autoconfiança inteligente, que reconhece a existência de desafios pela frente, mas que faz com que você se prepare para superá-los.

AUTODISCIPLINA

Já imaginou se pudéssemos fazer uma apólice de seguro para nossa mudança de hábitos? Seria fantástico ligar para a seguradora e dizer: "Quero garantir que minha mudança de hábitos aconteça", e o atendente de telemarketing responder: "Qual plano quer comprar? O seguro balança? O seguro cigarro? O seguro álcool? O seguro emocional? O seguro carteira cheia? Ou o combo com todos eles? Garantimos a mudança de hábitos, pode ficar tranquilo". A boa notícia é que o seguro de mudança de hábitos existe; a má é que não está à venda. Trata-se da autodisciplina, e você pode treinar para tê-la como aliada.

Um experimento realizado na Case Western Reserve University revolucionou a compreensão da ciência sobre a autodisciplina. Consistia em pôr em uma sala uma tigela com cookies de chocolate quentinhos e outra com rabanetes. Os participantes foram orientados a pular uma refeição. Metade foi instruída a comer os cookies e ignorar os rabanetes; a outra metade, a comer os rabanetes e resistir aos cookies. Uma pesquisadora entrou então na sala e pediu que todos tentassem resolver um quebra-cabeça aparentemente simples e disse que, se quisessem desistir, bastava que tocassem um sino. Só que o quebra-cabeça era impossível de resolver.

Os que comeram cookies passaram em média dezenove minutos tentando resolver o problema, enquanto os que comeram rabanetes desistiram em média em oito minutos. Isso mostrou que a autodisciplina não é só uma competência, mas uma espécie de músculo, que se cansa depois de fazer muito esforço. Os que comeram cookies e não tiveram de gastar sua autodisciplina segurando-se conseguiram passar mais tempo tentando resolver o quebra-cabeça. Já os que comeram rabanetes já haviam usado suas forças para resistir aos cookies apetitosos e passaram menos tempo tentando.

Da mesma forma que com os músculos, é possível treinar a autodisciplina e fortalecê-la.

Existem hábitos-base que servem de alicerce para construir outros. Quanto mais disciplinado você for em exercícios físicos, alimentação e finanças, mais isso vai influenciar positivamente outras áreas da sua vida. Portanto, mapeie seus dias e preveja quando sua autodisciplina vai estar mais "cansada". É nesses momentos principalmente que você deve fugir das tentações. Quem tem um dia muito estressante, por exemplo, deve fazer exercícios ao acordar. Isso vai ajudar a ter disciplina o resto do dia. E, sempre que tiver de encarar um desafio complexo, procure ir para a luta com seu estoque de disciplina intacto.

RESILIÊNCIA

Imagine um homem que aos 21 anos foi diagnosticado com esclerose lateral amiotrófica, doença sem cura que paralisa todos os músculos do corpo, aos poucos. Como você acha que seria a biografia dele? Afinal, teria todos os motivos para desistir. Muitos apostariam que levaria uma vida sem realizações. No entanto, não foi o que aconteceu com o físico inglês Stephen

Hawking, que acabou se transformando em um grande exemplo de resiliência. Apesar da doença, ele continuou produzindo, desenvolveu teorias, escreveu livros, teve três filhos e se tornou membro das mais importantes academias de ciências do mundo e professor emérito da Universidade de Cambridge.[2]

Hawking é a comprovação de um trecho da obra escrita pelo neurologista e psiquiatra Viktor Frankl, o primeiro a usar o termo "resiliência" para o comportamento humano. Em seu livro *Em busca de sentido*, ele diz: "Mesmo nas situações mais absurdas, dolorosas e desumanas, a vida tem um significado em potencial e, portanto, até o sofrimento tem sentido".[3] Ele próprio passou por grandes desafios na vida, tendo sido preso pelos alemães na Segunda Guerra Mundial e levado ao campo de concentração de Auschwitz, mas usou sua experiência catastrófica para se dedicar ao estudo do comportamento humano.

O termo "resiliência" vem da física e designa a capacidade que alguns materiais têm de absorver impacto e retornar à forma original, como aqueles travesseiros que, não importa quanto a gente aperte, sempre voltam à forma inicial. Quando aplicada ao comportamento humano, a palavra significa reagir aos problemas, desafios, fracassos e continuar em frente, sem desistir, buscando soluções criativas e aprendendo com os erros para não cometê-los novamente.

---

2 Para saber mais sobre ele, recomendo a leitura de *Stephen Hawking*, de Kristine Larsen (São Paulo: Girafa, 2006).

3 *Em busca de sentido: um psicólogo no campo de concentração* (Petrópolis: Vozes, 1991).

Apesar da semelhança ortográfica, "resiliência" não é a mesma coisa que "resistência". Se você tentar quebrar um pedaço de madeira, ele vai resistir, mas depois que quebra nunca mais voltará a ser o mesmo. O resistente pode segurar a pressão, porém não supera os desafios.

Pessoas resilientes dão a volta por cima, seguem em frente, acreditam em si, preparam-se melhor, analisam os erros que cometeram e são mais eficientes nas novas tentativas. Fui uma pessoa resistente, mas cometia os mesmos erros, não buscava me conhecer nem procurava ajuda, fraquejava e não reagia do jeito correto. Demorei para perceber que resiliência era o que me faltava, ter coragem de assumir novas rotas, desvendar outros caminhos, sair da zona de conforto, buscar ajuda das pessoas e me adaptar.

A resiliência é o traço que liga todas as histórias de sucesso de mudança de hábitos. Para desenvolvê-la, é preciso mudar suas crenças limitantes e construir crenças estimulantes, fortalecendo competências como autoconfiança, autoestima, flexibilidade, otimismo, autodisciplina e empatia e aprendendo a ler corretamente o contexto dos acontecimentos.

Um bom exemplo da importância da resiliência vem do alto comando militar dos Estados Unidos, que tem à disposição a maior e mais poderosa máquina de guerra que já se viu, ao perceber que estava perdendo a batalha no campo das emoções. Cada vez mais soldados apresentavam sintomas de depressão, ansiedade e transtorno pós-guerra. Os índices assustaram tanto a cúpula das Forças Armadas que se iniciou uma luta nessa área, já que os custos humanos e financeiros de um exército frágil emocionalmente eram altíssimos. O psicólogo Martin Seligman foi chamado para encontrar soluções, e ele e sua equipe propuseram um caminho ousado: treinar e desenvolver a resiliência dos militares.[4]

Logo nas primeiras aulas do treinamento, os sargentos receberam uma informação útil para o processo de mudança que estamos empreendendo: como utilizar o consagrado modelo ABC, de Albert Ellis, em que C (as consequências emocionais) não deriva diretamente de A (as adversidades), mas de B (as crenças sobre as adversidades). Ou seja, não é o que acontece, e sim como se vê o que acontece que determina a reação. Portanto, a visão do acontecimento passa pelo filtro das crenças. Ao enfrentar um fracasso, se você tiver uma crença limitante arraigada ("Não sou capaz de mudar meus hábitos", "Sou um perdedor", "Sou ruim no que faço", "As pessoas não gostam de mim"), verá a situação como impossível e abandonará seu projeto. No entanto, se tiver crenças estimulantes ("Sou capaz", "Não desisto", "Posso conseguir, mas preciso melhorar", "Preciso de ajuda para conquistar meus objetivos"), verá a derrota não como um fim, e sim como uma oportunidade de crescimento.

Assim, quando surgir uma adversidade na mudança de hábitos, no trabalho ou na vida pessoal que faça você esmorecer, cause sofrimento e transtornos, lembre-se: é a forma como você encara a situação que faz a diferença. Existe uma verdadeira legião de resilientes combatendo o bom combate, mudando a

---

4   Essa experiência está descrita em seu livro *Florescer*.

própria vida, conseguindo prosperidade financeira, qualidade de vida, abandonando antigos hábitos ruins e formando novos hábitos saudáveis. Portanto, não se deixe abater. No caos há sempre uma oportunidade de se reinventar e ressurgir das cinzas como uma fênix.

Para se exercitar, faça uma lista de fracassos graves que podem ocorrer na sua mudança de hábitos e formule uma atitude resiliente para solucionar o problema. Isso vai prepará-lo para os momentos de turbulência.

10. Mudança é processo

No auge do desenvolvimento da medicina, dos veículos de comunicação, na era de ouro do conhecimento humano, o número de obesos, fumantes, alcoólatras e outros compulsivos nunca foi tão grande. A humanidade está perdendo a guerra para os hábitos ruins, e precisamos reagir, democratizando a informação. Este livro é uma das ferramentas para isso, mas apenas ler não trará resultados. É preciso colocar em prática corretamente os ensinamentos para que surjam resultados incríveis.

Já falamos sobre a inexistência de fórmulas mágicas, e, nesse sentido, é importante encarar que mudança não é evento, mas processo. Ou seja, a mudança não acontece de um dia para o outro ou com uma única ação; ela requer uma estratégia, que é o que veremos a seguir.

A IMPORTÂNCIA DA TRISTEZA

Você deve estar pensando que perdi o juízo ao defender a importância da tristeza. Esse sentimento é sempre visto como vilão, e aprendemos a rejeitá-lo de todas as formas, porém é bastante útil para iniciar uma mudança de hábitos bem-sucedida. A tristeza é o estopim de grandes transformações na nossa vida, precedendo modificações de rota. Nem toda tristeza gera mudanças, mas toda mudança significativa tem uma tristeza proativa em sua base. O erro de grande parte das pessoas é utilizar como guia a tristeza depressiva, em vez da tristeza proativa.

O estopim para minha mudança de hábitos foi quando me peguei almoçando com três pratos. A quantidade de comida era tanta que não cabia em um só, e eu tinha preguiça de levantar para repetir. Então peguei um prato de carne, um de arroz e um de macarrão, além de um refrigerante de dois litros. Naquele dia fui repreendido pelas pessoas da minha casa, que disseram verdades duras de escutar. Foram firmes, algumas até passaram dos limites, mas quem estava totalmente fora dos limites era mesmo eu, com 47% de gordura corporal. Fiquei por vários dias pensando naquelas palavras e em como eu estava. Sentia-me mal, porque não queria ser daquele jeito, e estava triste. Como já havia acontecido outras vezes, era refém da tristeza depressiva.

Ela é um grave problema para a saúde emocional e só afunda a pessoa ainda mais, sendo comum a coitadistas, pessimistas e conformistas. Aparece quando ficamos tristes e não reagimos, quando estamos insatisfeitos e nos entregamos, quando começamos a sentir pena de nós mesmos. Com ela, o caminho para a mudança, seja qual for, fica muito mais difícil.

Por isso, toda vez que estiver sentindo que a tristeza depressiva quer se apoderar de você, não se entregue. Faça os exercícios recomendados neste livro e parta para a reação utilizando suas forças pessoais.

Já a sensação causada pela tristeza proativa ("Preciso melhorar", "Preciso evoluir", "Preciso sair da zona de conforto") é fundamental. Ela nos motiva e nos impulsiona para nossos objetivos, dando-nos forças para lembrar que devemos seguir outro rumo.

Sempre que temos um problema, estamos em uma encruzilhada entre a tristeza depressiva e a proativa, e pegar o caminho errado pode nos atrasar.

TENHA UM PROPÓSITO

A história se repete ao longo dos meus estudos: pessoas que conseguiram mudar hábitos sempre tinham um propósito; sabiam por que estavam se esforçando e qual era a importância que a mudança teria na sua vida.

Você também deve ter um propósito como norte e motivação para realizar a mudança que deseja. Os propósitos podem ser variados e dependem muito do seu processo de autoconhecimento. Os de curto prazo são importantes para a realização da mudança em si, e os de longo prazo, para a manutenção. Pessoas que não têm propósitos de longo prazo não conseguem mudanças duradouras. Às vezes até realizam seus objetivos de curto prazo, mas, aos poucos, voltam a ser o que eram. Quem não conhece alguém que até modificou um hábito, mas depois de um tempo voltou a ser como antes?

Talvez você mesmo já tenha passado por isso. Eu já passei.

Algumas perguntas podem auxiliar você na busca de propósitos de longo prazo:

- Por que eu preciso mudar esse hábito?
- Por que essa mudança é importante para minha vida?
- O que melhoraria com a mudança de hábito?
- As pessoas que eu amo ficariam felizes com ela?
- Como eu me sentiria se conseguisse mudar esse hábito?
- O que estou buscando?
- Qual é a vida que sonho ter?
- Como gostaria de estar daqui a cinco anos?

Você também pode precisar de ferramentas na busca dos propósitos de curto prazo, que igualmente são grandes aliados e até mais motivadores para dar a largada. Pense em:

- uma situação específica em que o hábito que deseja mudar lhe causou problemas;
- uma vez em que o hábito fez você brigar com pessoas que ama ou decepcioná-las;
- quão ruim manter esse hábito pode ser para sua saúde física, emocional e financeira;
- como você surpreenderia as pessoas que não acreditam em você se mudasse;

🦋 como abandonar o hábito seria importante para você conseguir um bom emprego;

🦋 como isso ajudaria você a viver um novo romance ou resgatar um que já esteve melhor.

Ter os propósitos de curto prazo definidos e claros vai contribuir para o comprometimento, que é fundamental para conseguir resultados satisfatórios.

Algumas pessoas precisam passar por grandes traumas, correndo até risco de vida, para começar a mudar seus hábitos. Por favor, não espere ter um ataque cardíaco para começar, não espere perder a admiração das pessoas que mais ama, não espere que sua empresa (ou você) vá à falência. Aja preventivamente.

ASSUMA O CONTROLE

Agora chegou a hora de colocar rédeas nos hábitos e assumir o controle da sua vida. Não terceirize suas decisões, não ponha a culpa dos seus fracassos nos outros ou na vida. Todos os dias, ao acordar, afirme para si que acredita e que vai conseguir realizar a mudança de hábitos. Faça a mesma coisa antes de dormir. O ideal mesmo é repetir esse processo dez vezes ao dia.

11. Definindo a estratégia

IDENTIFIQUE OS ELEMENTOS DOS SEUS HÁBITOS

No capítulo anterior vimos como é importante o início correto da mudança de hábitos, mas, para continuar, é preciso ter uma estratégia eficiente. O primeiro passo é analisar os elementos dos seus hábitos: deixa, rotina e recompensa.

As deixas podem ser um cheiro, um estado emocional, uma imagem, um som, um momento, uma hora do dia ou estar associadas a outro comportamento já existente. Elas variam de pessoa para pessoa, e você precisa conhecer as suas.

Um aviso de promoção no shopping pode ser a deixa; a rotina, comprar; e a recompensa, a sensação de prazer. A porta de entrada também pode ser um estado emocional (estar se sentindo para baixo, por exemplo). A sensação de tédio pode ser a deixa para a rotina de roer as unhas, e a recompensa, a distração. A deixa para a rotina de gritar pode ser o fato de ter sido contrariado, e a recompensa, a sensação de alívio. A deixa para a rotina de comer um doce calórico pode ser o término do almoço, e a recompensa, a sensação de prazer.

Identificar as deixas vai alertar você para o início dos hábitos. Aprendendo sobre como somos tomados de assalto, temos muito mais chances de vencer os hábitos, mas também precisamos entender nossas rotinas. Já no que se refere à recompensa, é importante ter em conta que nem sempre ela é o que pensamos a princípio. Usando os exemplos anteriores: se a verdadeira recompensa é a sensação de prazer, e não um produto, ela pode ser obtida de outra maneira que não pela compra. Da mesma forma, quem rói as unhas não o faz para mantê-las aparadas. O alívio de quem é contrariado pode vir expondo em um tom de voz eficiente o motivo do desagrado. E após o almoço a sensação de prazer causada pelo doce pode vir de uma fruta.

Então as personagens dos exemplos tinham, sim, outras opções para chegar à recompensa, apenas ajustando a rotina. Se você está com fome, não precisa comer uma fatia de torta de chocolate; basta comer uma maçã. Se está entediado, pode conversar com um amigo, e assim sucessivamente. Portanto, anote diariamente as recompensas que busca e rotinas alternativas e saudáveis para chegar a elas.

DEFINA METAS REAIS E CLARAS

Suas metas, que não devem ser confundidas com seus propósitos, devem ser resoluções claras e transparentes. Veja alguns exemplos de metas ineficientes:

- 🦋 Quero emagrecer.
- 🦋 Quero ser mais calmo.

🦋 Quero parar de fumar.
🦋 Quero ficar rico.
🦋 Quero parar de beber.

Essas metas são genéricas e vagas e dificilmente ajudarão você a alcançar seus objetivos. Veja agora algumas metas eficientes, que definem meios para atingi-las:

🦋 Quero perder dez quilos em quatro meses, seguindo o método deste livro. Também vou buscar ajuda profissional e entrar na academia.

🦋 Quero diminuir as brigas com minha esposa e meus colegas de trabalho, até que sejam uma exceção ou não existam. Nos próximos meses farei exercícios mentais que me ajudarão nessa tarefa.

🦋 Quero diminuir o uso do cigarro até que ele não faça mais falta. Darei meu melhor a partir de agora para conseguir.

🦋 Quero ganhar X, e, para isso, vou me qualificar ainda mais na minha profissão. Desejo viver de forma confortável e viajar com minha família, então também vou diminuir meus gastos e economizar 30% do que eu ganho.

🦋 Quero ter uma vida sóbria para poder conviver com meus filhos e cuidar deles, além de ser motivo de orgulho. Então, preciso procurar ajuda e me autoconhecer.

À medida que você for cumprindo as fases de sua meta, vá incluindo outras até chegar aonde deseja.

CRIE SEU MAPA DE ATIVIDADES

A cartografia, ciência que estuda e produz mapas, é antiga, remontando a 2500 a.C., quando os sumérios produziram o que é considerado o primeiro mapa: uma placa de barro cozido com inscrições. A partir daí, os mapas guiaram migrações, explorações e conquistas ao longo da caminhada humana sobre a Terra. Com a evolução da tecnologia, utilizamos GPS e aplicativos de trânsito para nos locomover nas grandes cidades.

Na jornada da mudança de hábitos, também devemos ter um guia. Assim, é importante construir um mapa com suas atividades cotidianas, que ajudará você a compreender quais delas levam ao sucesso e devem ser incentivadas e quais levam ao fracasso e devem ser evitadas. Depois que fizer seu mapa, vai ver como é fácil saber onde estão as armadilhas.

Como fazer seu mapa

Faça um inventário de todas as suas atividades cotidianas, desde a hora de acordar até a hora de dormir. Analise seriamente em quais delas seus hábitos ruins aparecem com mais frequência.

Você já tem sua meta estabelecida, já anotou todas as suas atividades. Agora analise quais ajudam e quais atrapalham sua mudança de hábitos. Faça o mesmo em relação às pessoas do seu convívio.

Veja algumas sugestões do que seu mapa pode conter:

- Meta.
- Atividades cotidianas que ajudam.
- Atividades cotidianas que atrapalham.
- Pessoas que ajudam.
- Pessoas que atrapalham.
- O que evitar.
- A que se dedicar.

CONQUISTE ALIADOS E FORME SUA EQUIPE

Mudar hábitos sozinho é possível e muitas pessoas já conseguiram fazer isso, mas é mais difícil, então se puder ter aliados e formar uma equipe não deixe de fazê-lo. Grandes campeões do esporte têm equipes espetaculares por trás deles, mesmo os que praticam esportes individuais, como tênis, judô e golfe. Há sempre técnicos, preparadores físicos, nutricionistas, médicos, fisioterapeutas e assistentes que prestam todo o apoio necessário para que os atletas possam brilhar.

Busque entre familiares, amigos, colegas de trabalho aliados que joguem junto com você ou até mesmo participem do seu processo de mudança. Mencione o assunto no momento adequado, não em uma mesa de bar ou no meio de muita gente. De preferência, tenha conversas individuais. Fale francamente sobre o que deseja. Comente que sabe dos desafios, mas que está preparado e disposto para enfrentá-los. Diga à pessoa quanto ela é importante para você e explique que precisa da ajuda e da compreensão dela. Abra seu coração e a convide para fazer parte da sua equipe. Você pode até dar uma função a ela, considerando a melhor forma de ajudar.

INTRODUZA UM NOVO HÁBITO NO LUGAR DE UM ANTIGO

A melhor maneira de desenvolver novos hábitos é fazê-lo dentro dos antigos. Essa técnica prega uma peça no cérebro e facilita nossa vida. Aos poucos, os novos hábitos vão tomando forma e ganhando vida própria.

Comer salada, por exemplo, é um problema para muita gente. Era também para mim, mas percebi que conseguia comer se fosse misturada com outros alimentos. Legumes vinham em tortas, por exemplo, e com o passar do tempo o que parecia impossível já era um novo hábito. Hoje gosto de salada e ponho no prato automaticamente.

SUBSTITUIÇÃO DE HÁBITOS

Como já sabemos, hábitos não são apagados, e sim substituídos. Na hora de trocar os hábitos, é importante escolher um saudável para pôr no lugar do prejudicial. Sabe aquela velha história de "parei de fumar e engordei"? É a substituição de um hábito ruim por outro em ação. Foque sua qualidade de vida. Para treinar, pense em hábitos antigos e em substitutos para eles.

MUDE A ROTINA

Também já aprendemos que podemos mudar a rotina para receber uma mesma recompensa. Cabe a você encontrar formas mais saudáveis de atingir a sensação de bem-estar, alívio etc. que procura. Para treinar, anote seus loops e rotinas alternativas possíveis.

PEQUENOS GRANDES AVANÇOS

Essa técnica ajuda a manter o foco e a disciplina e a formar a crença de que somos capazes de mudar nossos hábitos. Pequenos avanços são a base para os próximos passos e dão sustentabilidade para grandes vitórias, fortalecendo-nos e empurrando-nos para a direção certa.

Muitas vezes, damos valor a grandes feitos e menosprezamos feitos menores. Podem ser legais no cinema, em que de uma hora para a outra o personagem salva o mundo, mas na vida real os pequenos feitos diários são a diferença entre o sucesso e o fracasso.

As vitórias, assim como as mudanças, vêm com o passar do tempo. Se quer ser excelente em algo, desenvolva hábitos acessórios que sustentem a excelência. Se quer ser mais produtivo, anote quando conseguir fazer mais do que fez no dia anterior. Se quer mudar seus hábitos alimentares, comemore quando conseguir comer menos. Faça o mesmo se fumou um cigarro a menos ou se economizou dinheiro no mês, não importa o valor. Aos poucos, o que parecia impossível vai se tornando real e sua autoconfiança no processo de mudança aumenta bastante.

ESTÍMULOS CONSTANTES

Imagine que a bateria do seu celular está acabando e você precisa fazer uma série de ligações importantes. Você vai ficando preocupado, começa a procurar um lugar para carregá-la e não encontra. O celular desliga. Mesmo que seja de um modelo novo, a verdade é que sem bateria ele não serve para nada. Para funcionar e disponibilizar suas incríveis funções, ele precisa de uma fonte de energia constante.

Você também tem de recarregar sua bateria, lembrando quanto a mudança desejada é importante. Caso contrário, fica sem forças para continuar. Afinal, o mundo nos suga tanto que precisamos de um tempo diário para nos recompor.

Estimule sua mudança de hábitos constantemente, reservando períodos de cinco minutos durante o dia para lembrar como ela é fundamental para você. Encha-se de coisas boas, procurando notícias positivas, vendo exemplos de pessoas que se superaram, introduzindo o assunto nas conversas diárias.

Espalhe pela casa frases que abasteçam sua motivação e que lembrem seus objetivos e como são importantes.

EVITE AMBIENTES PREJUDICIAIS

Sinceramente, o que uma pessoa que quer emagrecer vai fazer em um rodízio de pizza? Ou um cara que quer parar de beber, em um bar? Você não precisa abandonar sua vida social, mas toda escolha tem ganhos e perdas, e é preciso ter prioridades na vida.

Quando não puder evitar ambientes nocivos, prepare-se da melhor maneira que puder para passar por eles sem cair em tentação. Lembra-se do mapa de atividades? Ele dará as informações necessárias para guiar você nas escolhas dos ambientes que frequenta e servirá de alerta quando tiver de ir a um local que ofereça riscos à sua mudança de hábitos.

FUJA DOS VAMPIROS REAIS

Os vampiros dos filmes de terror não suportam sol e se alimentam do sangue das suas vítimas. Os vampiros reais não suportam o sucesso dos outros e se alimentam do seu fracasso, sendo gravemente atingidos pela determinação, pela autodisciplina e pelas vitórias alheias. Eles estão ao nosso redor, buscando vítimas. Você deve se lembrar de uma pessoa que parece roubar sua paz, sua motivação e seu ânimo quando a encontra. Se você conta um sonho a ela, na mesma hora vira pesadelo.

Fuja desse tipo de pessoas frustradas, que não acrescentam nada à sua vida e atrapalham sua mudança de hábitos. Quando isso não for possível, esteja preparado para enfrentá-las. Os caçadores de vampiros nos filmes levam estacas e água benta, mas você só vai precisar de autoconfiança, autoestima e sonhos. Não é pessoal, porém é sempre necessário se proteger.

Quando um vampiro começar a sugar sua energia, use sua educação e seu bom senso para rebater, ofereça uma visão do mundo mais otimista, proativa e alegre. Dessa forma, você também vai ajudá-lo. Quando não for possível rebater expressamente, faça isso dentro da sua cabeça enquanto ele fala. Devemos prestar atenção às pessoas, valorizá-las e escutá-las, mas nesses casos é melhor só fingir.

Cuidado para não confundir o vampiro real com pessoas que querem nosso bem e nos ajudam a crescer, dando dicas valiosas e comprometendo-se conosco. Essas pessoas fazem críticas construtivas, não atacam nossa autoestima e não nos diminuem. Elas fazem seu melhor para que possamos chegar mais perto dos nossos sonhos.

Vampiros acidentais

Algumas pessoas se tornam vampiros sem querer, por não terem aprendido as respostas ativas-construtivas. Elas nos amam e confundem cuidado com supressão de sonhos, desestimulando mudanças que trariam crescimento pessoal e profissional, utilizando suas experiências para atrapalhar em vez de ajudar. São pais, irmãos, esposos, namorados e amigos que até têm boa intenção, mas constituem vampiros acidentais.

Caso conviva com alguém assim, converse com ele e tente mostrar, humildemente, que está no caminho errado. Se você mesmo estiver agindo dessa maneira, tenha a humildade e a coragem de se reciclar. Nunca é tarde para mudar, e você pode fazer a diferença positivamente na vida de quem ama.

FAÇA UMA AVALIAÇÃO PERIÓDICA

Em meio a uma mudança de hábitos, avalie-se periodicamente, analisando o processo em curso. Não tenha medo de corrigir rotas, reconhecer e evitar derrotas antes que aconteçam. Veja o que pode melhorar, onde já avançou e o que pode precisar de correção. É melhor que correr atrás do prejuízo.

12. Enfrentando os desafios

PERCA A BATALHA, NÃO A GUERRA

Antes da Segunda Guerra Mundial e durante o conflito, a Alemanha foi uma máquina de terror altamente treinada e mortal que avançava impiedosamente sobre seus inimigos e os subjugava com facilidade incrível. Seu exército parecia imbatível, e em pouco tempo a França foi conquistada. Em 10 de maio de 1940, os alemães entraram triunfantes em Paris, fazendo com que o medo e o desânimo se espalhassem pelo mundo. Como os Aliados ganhariam a guerra se tinham perdido tantas batalhas para os nazistas? Graças ao esforço conjunto de diversas nações, no entanto, a situação se reverteu. A liberdade e a esperança pairaram novamente sobre uma Europa quase destruída.

Isso comprova a já conhecida frase: "Posso ter perdido a batalha, mas não a guerra". Essa constatação é muito útil para mudanças de hábitos efetivas e duradouras. Não existe caminho perfeito e nem tudo sairá como você planejou. Saber disso e estar pronto para reagir à altura, não deixar que a sensação de fracasso perdure e não mergulhar em uma espiral da derrota é fundamental para o sucesso. Não estou dizendo que se deva ignorar a perda da batalha, só que, apesar do revés, é preciso aprender a lição, seguir em frente e trabalhar para evitar novos problemas.

Na minha opinião, o fracasso é um dos principais alicerces do sucesso. É nas desventuras que aprendemos a construí-lo, desde que estejamos dispostos a analisar nossos erros e tirar lições deles. O que verdadeiramente faz diferença é como reagimos à derrota. O que torna alguém vencedor é quantas vezes ele é capaz de recomeçar, fazendo isso sempre melhor que da última vez.

É assim que as grandes histórias de sucesso são construídas. A indústria foca tanto a venda do sucesso que se esquece de mostrar a verdade por trás das grandes conquistas, o lado "humano", as lágrimas, os medos, as angústias.

Quando cultuamos pessoas bem-sucedidas e as consideramos sobre-humanas, não vemos o outro lado do sucesso, e parece que não temos tudo aquilo que elas têm. Então criamos autocrenças extremamente limitantes.

A verdade é que, se você estiver disposto a pagar o preço, também pode chegar ao panteão no qual os bem-sucedidos são colocados. Quando estiver lá, aproveite para incentivar verdadeiramente as pessoas, falando dos seus fracassos e de como você conseguiu superá-los, de como teve de se esforçar, treinar, dedicar-se, deixando claro que o talento é apenas uma pequena parte da vitória. Não alimente apenas sua vaidade: alimente os sonhos das pessoas.

J. K. Rowling, autora da série *Harry Potter*, Milton Hershey, fundador da famosa fabricante de chocolates, os Beatles e Walt Disney têm em comum? Todos fracassaram e, se tivessem desistido, não estaríamos falando sobre eles agora. J. K. Rowling teve seu livro rejeitado por diversas editoras, os Beatles ouviram da Deca Records que não tinham futuro, Hershey faliu treze vezes e Walt Disney ouviu várias vezes que seu trabalho não era bom o suficiente. Inspire-se nesses exemplos para superar os obstáculos na sua jornada. Essas pessoas eram e são seres humanos iguais a você, com medos, talentos, defeitos, qualidades e sonhos. A inspiração fornecida por essas histórias serve para irrigar nossos sonhos e nos fazer acreditar que as mudanças de hábitos podem ser reais.

RESISTA ÀS PRESSÕES

Algumas pessoas, independentemente da profissão, me dizem: "É muito fácil falar; quero ver dar conta de mudar hábitos com a vida louca que eu tenho". Se fosse tão fácil mudar, este livro não teria sentido. Assim, apesar de determinadas situações dificultarem o processo, a mudança de hábitos é sempre possível.

Há algum tempo reencontrei um executivo que me falou isso. Tivera um infarto e não morrera por pouco. "Tive muita sorte de escapar da morte. Não vou desperdiçar essa segunda chance. Estou mudando meus padrões alimentares, emocionais e físicos. Percebi a beleza que é a vida quando estive perto de perdê-la. Minha rotina louca me tirava o mais precioso, e por incrível que pareça hoje rendo melhor no trabalho e tenho mais tempo para minha família. Estou entusiasmado, algo que não sentia há muito tempo", ele me disse.

Essa história é mais comum do que se imagina. Temos tempo para tudo, menos para cuidar do que é mais importante: nós mesmos e as pessoas que mais amamos. Alguns precisam chegar ao limite para mudar. Mas acredite: não é uma questão de tempo, é uma questão de prioridades. Quando se quer, dá-se um jeito.

O treinamento para resistir às pressões vai ajudar você a atravessar os momentos mais difíceis da mudança de hábitos, aqueles em que as tentações parecem irresistíveis, nos quais não se sabe como agir. Para tanto, deve ser focado para situações tensas, limítrofes. Imagine que você está cansado e com problemas, frustrado e desanimado. Então pense no que precisa ser feito para ficar tudo bem. Faça a seguinte pergunta a si mesmo: "Quando isso acontecer, como eu vou querer reagir?". Depois que achar a resposta, imagine a situação e a reação adequada. Então, em um caderno, anote em detalhes como vai reagir. Isso vai auxiliar você a passar pelas dificuldades e ter uma mudança de hábitos sustentável.

Depois de investirem milhões de dólares em pesquisas, algumas das maiores empresas do mundo descobriram que esse era o meio mais eficiente de treinar seus colaboradores. Afinal, ter pessoas altamente preparadas para momentos difíceis e de tensão extrema faz a diferença. O treinamento comum só servia quando estava tudo bem; quando algo saía dos trilhos, era um deus nos acuda. Então essas empresas perceberam que a melhor forma de desenvolver novos hábitos nos funcionários era treinando-os especificamente para situações de tensão.

Para treinar, crie filmes mentais com situações de estresse e problemáticas que podem ocorrer durante sua mudança de hábitos. Pense no que vai fazer quando isso ocorrer. Assim sua mudança de hábitos será bem-sucedida. Depois escreva tudo no caderno.[5]

TREINE SUA AUTODISCIPLINA

A prática de exercícios físicos regulares ajuda você a ter mais disciplina para mudar qualquer hábito. Já percebeu que ficamos mais centrados nos nossos objetivos e o trabalho rende mais? Pode faltar a disciplina para fazer o exercício em si, e a melhor forma de prevenir isso é escolher um de que você goste e ter um horário fixo de treino. Seu cérebro vai começar a ansiar pela sensação de bem-estar causada pela endorfina liberada ou até mesmo pela sensação de dever cumprido, que também causa prazer. Com o passar do tempo, em vez de maçante e chato, fazer o exercício vai ser natural.[6]

Lembre-se de que a disciplina também enfraquece ao longo do dia, então evite ter atividades que coloquem em risco sua mudança de hábitos após longos dias de trabalho estressantes. Nessa hora estamos mais vulneráveis às tentações.

---

5   Conforme sugerido em *Inteligência multifocal*.

6   Conforme visto no livro *O poder do hábito*.

13. Mantendo os novos hábitos

ESTEJA VIGILANTE

Quantas pessoas você conhece que emagreceram e depois engordaram? Quantas até conseguem ficar sóbrias, mas logo voltam a beber? Quantas parecem mais calmas e compreensivas por um tempo, para dali a pouco voltarem a ser como eram? Quantas controlam os gastos, mas rapidamente estão endividadas de novo?

É comum conseguir realizar os objetivos e perder o que foi conquistado algum tempo depois. Se não ficarmos vigilantes, quando menos percebemos, já regredimos ao início. As pessoas relaxam, acham que não há mais perigo de acontecer de novo, começam abrindo uma exceção e logo são duas, três, mais, até que aquilo vira a regra e os antigos hábitos voltam com toda a força. Não estou dizendo para ser paranoico, mas é preciso manter-se atento. Se perceber o problema logo no início, terá tempo hábil para corrigir a rota antes que um estrago maior seja feito.

TENHA COMPROMISSO CONSIGO MESMO

Uma bela passagem de Coríntios diz: "O amor é paciente, o amor é bondoso. Não inveja, não se vangloria, não se orgulha. Não maltrata, não procura seus interesses, não se ira facilmente, não guarda rancor. O amor não se alegra com a injustiça, mas se alegra com a verdade. Tudo sofre, tudo crê, tudo espera, tudo suporta". Ela tem muito a nos ensinar sobre o amor-próprio que precisamos desenvolver para atravessar dificuldades como as mudanças de hábitos.

Amar a si mesmo é fundamental, por isso tenha um caso de amor consigo, com sua história, ria mais das suas bobagens, seja mais leve, tenha mais paciência com você mesmo. Vale a pena manter o compromisso com seus sonhos, mesmo que nem sempre as mudanças sejam tão rápidas quanto você quer. Seja bondoso com sua história, mas não se entregue aos erros do passado: prefira utilizá-los como motor para mudar. Não tenha inveja de ninguém, entenda que é um ser humano único e deixe de lado as constantes comparações com outros, porque cada um tem a própria vida. Tenha orgulho de si, porém cuidado com a soberba e o egoísmo: amar a si mesmo não é achar que o universo gira em torno do seu umbigo, mas ser humilde e agradável. Quem ama não maltrata, então não maltrate a si mesmo, não fique bravo facilmente, não perca as estribeiras com as bobagens do dia a dia. Quem ama repudia as injustiças e se alegra com as verdades.

Muitas pessoas têm medo de se entregar a um amor por medo de sofrer, e isso pode acontecer até mesmo com o amor-próprio. Não tenha medo de se entregar, não perca a capacidade de se encantar e de se surpreender, apesar de seus defeitos e dificuldades. Afinal, ninguém é perfeito.

Quando você assumir um compromisso consigo mesmo, com sua saúde física e emocional, com sua autoestima, com sua qualidade de vida e com seu bem-estar, estará pronto para ultrapassar os desafios e realizar seus objetivos.

CONTINUE FAZENDO OS EXERCÍCIOS

Mesmo depois de atingir seus objetivos, continue fazendo os exercícios sugeridos neste livro. Você perceberá que várias áreas da sua vida melhoram, como o trabalho, os relacionamentos, a autoestima, a produtividade, a capacidade de desenvolver novos projetos e a autoconfiança.

Não invente desculpas; afinal, o que são quinze minutos em um dia? Da mesma forma que faz sua higiene pessoal, dedique-se à mudança de hábitos.

14. Círculos de Mudança de Hábitos

Desenvolvido como suporte para o método tridimensional, o Círculo de Mudança de Hábitos (CMH) é um grande aliado para uma transformação real e duradoura. Ele trabalha o desenvolvimento de outras áreas, permitindo atingir a excelência na vida pessoal e na profissional. É muito importante para seu sucesso colocar o CMH em prática. Chame seus amigos mais próximos e familiares que também buscam se desenvolver para participar.

CRIE SEU GRUPO

Você pode criar seu grupo, com quem quiser. As reuniões podem ser feitas na sua casa ou na de um participante, em um sistema de alternância, ou onde vocês preferirem. O importante é seguir algumas regras básicas:

🦋 Os participantes se sentarão formando um círculo, para que todos possam se enxergar.

🦋 As reuniões terão no máximo vinte participantes com objetivos similares.

🦋 Serão feitas no mínimo uma e no máximo três reuniões por semana.

🦋 Cada reunião durará no mínimo uma e no máximo duas horas.

Anfitrião

Toda reunião deve ter um anfitrião, que a conduzirá. Seu papel é facilitar o andamento e seguir o roteiro de passos. Ele deve ser acolhedor, sereno e ético e deixar clara a importância das reuniões, que servem de apoio e de estímulo constante para a realização dos objetivos.

Temas

Antes de cada reunião, será combinado um tema. Podem ser hábitos emocionais, financeiros, alimentares, físicos. Um grupo de CMH também pode ser criado com um único tema. É uma opção dos membros.

Clima

O clima da reunião tem de ser de compreensão, cordialidade e respeito. Não pode haver julgamentos, e as pessoas precisam se sentir acolhidas e respeitadas. Não deve haver pressão para que cada um fale quais são seus objetivos. É preciso deixar que todos adquiram confiança naturalmente, e não há problema em passar algumas reuniões sem falar nada, apenas escutando.

Roteiro

Todos os presentes vão fechar os olhos e criar com muita realidade e emoção um filme mental objetivo e claro de como querem ser quando mudarem seus hábitos. Por exemplo, você deve imaginar não apenas que é magro, mas a alegria de ter atingido sua meta e a motivação de seguir em frente; imagine-se cabendo na roupa, recebendo um elogio ou ficando feliz ao se olhar no espelho, com dez quilos a menos. Ou então imagine como vai ficar feliz quando conseguir economizar e não receber mais cobranças insistentes de bancos, e em como vai ser bom poder usufruir com tranquilidade uma viagem com a família graças ao planejamento financeiro.

Um dos presentes deve então começar a leitura dos passos. São eles:

1. Humildemente admitimos que precisamos mudar, que não podemos continuar do jeito que estamos, e decidimos fazer essa transição na nossa vida.

2. Declaramos nossa independência e que a partir de hoje e para sempre seremos livres para construir novos hábitos

e ter uma vida saudável, com propósito e bem-estar.

3. Paramos de nos enganar e agora estamos nos autoconhecendo. Descobriremos nossos pontos fortes e fracos. Sabemos que todas as escolhas têm perdas e ganhos, mas seguiremos em frente com fé e coragem.

4. Anotaremos todas as deixas, rotinas e recompensas dos nossos hábitos. Todas as vezes que tivermos vontade de fazer ou fizermos algo errado, anotaremos onde estamos, com quem estamos, qual é a hora do dia, como nos sentimos e o que estamos fazendo. Com isso conheceremos profundamente nossos hábitos e saberemos mudá-los.

5. Buscaremos novas rotinas para as mesmas recompensas.

6. Sabemos que hábitos não se acabam; são modificados. Precisamos estar vigilantes o tempo todo; caso contrário, a qualquer momento podemos recair. Assim, vamos trocar de hábitos, colocando um bom no lugar de um ruim.

7. Nossos pequenos avanços são grandes vitórias.

8. Reforçamos a crença de que somos capazes e de que estamos nos tornando líderes da nossa própria vida.

9. Estamos prontos e fortalecidos para enfrentar os desafios e superá-los.

10. Desenvolveremos um plano mental para enfrentar problemas e adversidades que podem nos fazer retomar antigos hábitos. Ao imaginarmos os momentos de aflição, treinaremos o que devemos fazer para não cair na tentação.

11. Estamos aqui por nós mesmos, mas também pelos que amamos e pelos que nos amam. Estamos aqui por um

propósito e um compromisso com nossa vida, mas também com a missão de ajudar a humanidade. Somos úteis e importantes e difundiremos os onze passos para que mais pessoas possam mudar seus hábitos e realizar seus sonhos.

Após a leitura de cada passo, as pessoas podem comentar sobre ele. Cada passo deve ter ao menos um comentário. Os mais experientes tirarão as dúvidas dos mais novos no CMH. Quem levar outra pessoa ao CMH será seu padrinho e funcionará como apoio nos momentos de dificuldade e apreensão.

Essas informações são importantes para que o círculo seja mais forte e transparente. Cada participante também deve ler os passos todos os dias ao acordar, à tarde e antes de dormir, para ajudar na concretização das mudanças desejadas.

Se não quiser criar um grupo, posso indicar reuniões do CMH perto de onde você vive (no final do livro disponibilizo e-mail e telefone da equipe). Será um prazer atendê-lo.

Não há cobrança pela participação no projeto. Recomendamos os círculos como suporte para mudanças. O ideal é associar a participação e os ensinamentos deste livro com acompanhamento profissional da área de mudança desejada.

Seja a mudança com que sempre sonhou

Agora você tem todas as informações necessárias para mudar hábitos. Essa tarefa nunca é fácil, mas é possível e não tem mistérios. Então é hora de colocar em prática o que aprendeu.

A vida é efêmera e encantadora, uma grande oportunidade de inovar, desenvolver, sonhar, sair da zona de conforto, vencer os desafios, cair e levantar — e, ao levantar, surgir mais forte e sábio, pronto para conquistar seus sonhos. O momento de fazer a diferença, de começar a escrever os mais belos momentos da sua existência é hoje. Não deixe para amanhã, não espere por ninguém, seja a mudança com que sempre sonhou e dê seu melhor para si mesmo e para as pessoas que ama.

Quando estiver inseguro e receoso do futuro e se perguntar se será capaz de efetivar sua mudança, lembre-se de que a esperança é sua maior força. Não se trata de um sentimento bobo de que tudo vai acontecer em um passe de mágica, mas de trabalhar duro pelos sonhos apesar das dificuldades, movendo assim o mundo em direção a um futuro melhor. Essa energia faz com que pessoas desacreditadas deem a volta por cima e se tornem grandes vencedoras, e é ela que vai guiar seus passos para a mudança que deseja.

O ser humano é por natureza um ser em eterna transformação; portanto, ouse mais, sonhe mais, lute mais, desista menos e faça da vida uma experiência incrível, amável e repleta de excelentes hábitos.

Agradecimentos

Temos muitos encontros e desencontros na vida, alguns com pessoas que nos põem para baixo, outros com pessoas inspiradoras que nos auxiliam a acreditar em nós mesmos e nos nossos sonhos. Agradeço a Deus por colocar na minha trajetória seres humanos especiais que me ajudaram a acreditar no sonho de desenvolver um método de mudança de hábitos e a transformá-lo em livro.

Agradeço à minha família pelo amor e pelo carinho, em especial ao meu pai, Othamar, que desde os primeiros passos sempre esteve ao meu lado nos bons e maus momentos, incentivando-me a sonhar e a correr atrás dos meus objetivos, corrigindo-me quando necessário, comemorando cada vitória e enxugando minhas lágrimas a cada derrota, sempre dizendo para não desistir dos meus sonhos. Sou eterna e infinitamente grato a ele.

Agradeço aos meus amigos, que fazem os dias bons serem ótimos e os dias ruins serem bons, em especial ao grande Augusto Cury, que me inspirou e incentivou a escrever este livro. Agradeço ao meu dileto amigo e parceiro na produção deste livro Claudionor Martins pelo incomensurável auxílio e orientação. Muito obrigado.

Agradeço ao meu amor, Carolina, pelo apoio incondicional, por acreditar em mim e nos nossos sonhos de ajudar a humanidade. Amo muito você.

Saiba mais sobre Othon Gama

Palestras
As melhores e mais eficientes palestras do mercado com a combinação perfeita: motivação + mudança de hábitos = resultados concretos, sustentáveis e de excelência para sua vida e sua empresa.

Para o público em geral
Para o mundo corporativo

Acesse othongama.com
Entre em contato: **contato@othongama.com**

Life Academy Brasil

A Life Academy, como o nome diz, é uma academia para a vida, onde você encontrará conteúdos exclusivos sobre desenvolvimento humano, qualidade de vida e bem-estar, desenvolvimento profissional e muito mais.

Surgimos para inovar, ao oferecermos qualidade de conteúdo com uma didática eficiente e de fácil compreensão focada nos resultados práticos e objetivando a alta performance dos nossos alunos.

A Life Academy Brasil foi feita para aqueles que querem algo a mais na vida, para os que não se conformam, para os que não se acomodam, para os ousados, para os que não desistem facilmente, para os que buscam superar seus limites. Foi feita para você. Explore nossos cursos e obtenha resultados incríveis.

Cursos online e presenciais
Coaching 3D – Online e presencial
Formação em Coaching 3D

Entre em contato:
lifeacademybrasil.com

Escola da Cidadania

A Escola da Cidadania surgiu para contribuir na construção de um país mais justo e melhor, e, para concretizar esse sonho, ensina a crianças, jovens e adultos conhecimentos sobre cidadania. Atuamos com livros paradidáticos, jogos e vídeos para que crianças e jovens aprendam se divertindo, pois trabalhamos de maneira lúdica e inclusiva, facilitando a absorção da informação. Aos adultos, oferecemos palestras, treinamentos e seminários para disseminar os direitos e deveres dos cidadãos e demonstrar que a missão de fazer um país melhor é de todos nós.

Abordamos assuntos relevantes, como ciência política, direitos humanos e outros, explicando o funcionamento da sociedade, o que são as leis e para que servem, demonstrando a função dos poderes, a organização do Estado e muito mais. Um dos livros paradidáticos disponíveis para escolas de todo o Brasil é *A Constituição Federal para crianças*.

Nossa ordem é democratizar temas importantes e muitas vezes esquecidos pelo sistema educacional. Ao introduzirmos nas escolas informações como essas, potencializamos a educação como um dos maiores vetores de transformação social, ensinando não apenas para o Enem, mas para a formação de seres humanos com consciência social e crítica.

A Escola da Cidadania inspira boas práticas sociais e tem o sonho de levar conhecimentos sobre cidadania para todos os brasileiros de maneira fácil e divertida.

Entre em contato conosco através do site:
escoladacidadania.com

Este livro foi impresso em maio de 2016,
em São Paulo, pela Gráfica RR Donnelley
em Avena 70 g para a Gênios Editora,
e foi composto pela Memo Editorial
na fonte Minion Pro.